Hermann Koepke
Das siebte Lebensjahr

Hermann Koepke

Das siebte Lebensjahr

Die Schulreife

Herausgegeben von der Pädagogischen Sektion
der Freien Hochschule
für Geisteswissenschaft Goetheanum

VERLAG AM GOETHEANUM

Viele Berufsbezeichnungen stehen nur in der männlichen Version oder im traditionell üblichen Plural der männlichen Form. Der Grund liegt darin, dass es schwerfällig wirkt, wenn sowohl die männliche als auch die weibliche Form angeführt wird. So hat sich der Autor – solange der Sprachgenius keine neue Form hervorbringt – für diese Vorgehensweise entschlossen und bittet ganz besonders die Leserinnen um ihr wohlwollendes Verständnis. – Alle Angaben über Personen sind so verändert, dass eine Kollision mit den Richtlinien des Datenschutzes ausgeschlossen ist.

1. Auflage 1996
2., erw. Auflage 1997

Einbandgestaltung und Zeichnungen von Gabriela de Carvalho

© Copyright 1997 by Verlag am Goetheanum, CH-4143 Dornach
Alle Rechte, auch die des auszugsweisen Nachdrucks
und der photomechanischen Wiedergabe, vorbehalten.

Satz: Heiko Hanekop
Druck und Bindung: Freiburger Graphische Betriebe

ISBN 3-7235-0950-9

Motto einer zeitgemässen Pädagogik:

„Heilsam ist nur, wenn
Im Spiegel der Menschenseele
Sich bildet die ganze Gemeinschaft;
Und in der Gemeinschaft
Lebet der Einzelseele Kraft."

RUDOLF STEINER

Inhalt

Wie die Sonnenblumenkernlein auf die Erde kamen – Trennung vom Elternhaus – *Erster Rückblick:* Gerade und Krumme – Die Geraden als römische Zahlen – Alle Zahlen sind in einem Holzstecken – Das erste Wort: ICH – *Zweiter Rückblick:* Typische Missverständnisse – Wo ist rechts, wo links? – Rechts-links-Symmetrie – *Dritter Rückblick:* Mund-M und Wellen-W – Buchstabengeschichte vom R

Die Rechts-links-Symmetrie in der ersten Klasse

Vertrauen – Der unsichtbare Brief – Von den bildenden Kräften – Der Inkarnationsvorgang in der menschlichen Gestalt und im Spiegel der plastischen Kunst – Symmetrieformen in der Körperbildung und im Unterricht – Legasthenie – Ereignisse der sechziger Jahre – Vertrauen in die Autorität – Echo von Elternseite: Gespräch statt Vortrag – *Vierter Rückblick:* Die runde Gustine zählt zusammen – Der dünne Ernst hat immer weniger – *Fünfter Rückblick:* Die erste schriftliche Rechnung – *Sechster Rückblick:* Gedankenwahrnehmung im Rechenunterricht

Ein Elternabend in Gesprächsform

Grenzen – Konsequenzen – Strafen – Aus der Gesprächsarbeit: Ein Hund folgt, ein Kind folgt – Strafen? – Wie erreicht man ein Kind? – Äussere Massnahmen, innere Nachwirkungen – Rollenverteilung Mutter–Vater – Überforderung, Unterforderung – Kinderkrankheiten als Helfer – Ämter bestimmen und einüben – Öffnung für das Thema Grenzen – Echo von der Elternseite: Das Problem *Bildeschirm* – *Siebter Rückblick:* Heinzelmännchen in der Klasse – Problemlösungen unter Kindern – *Achter Rückblick:* Karl der Teiler – Ein Spiel auf englisch – *Neunter Rückblick:* Multiplikata die Zauberin – Die Zahlenreihen in Sternformen – Einmaleins mit Eurythmie

Vorwort

Sarah ist der erfundene Name für ein Kind, dem wir helfen wollen. Sarah muss eine Klasse wiederholen. Der Beziehungsabbruch belastet sie. Noch als Erwachsene spricht Sarah mit niemand darüber; sie meint, sie müsse sich deswegen schämen ...

So bedauerlich und falsch das ist – ein ähnliches Schicksal lastet auf sehr vielen Menschen. Darum die Frage: Wäre es Sarah mit der Waldorfpädagogik besser gegangen?

- Auf was achtet die Waldorfpädagogik?
- Was würde Sarah am ersten Schultag erwarten?
- Warum Bilder, immer Bilder?
- Haben Kinderkrankheiten einen Sinn?
- Links oder rechts?
- Schulreif oder nicht?
- Warum ist das siebte Jahr so entscheidend?

Gesichtspunkte und Anregungen zu diesen und weiteren Fragen will dieses Büchlein geben. Es will eine Hilfe für Kinder sein, die in die Situation von Sarah kommen könnten.

Was Sarah beim Übergang vom Kindergarten in die Schule erlebt, wirkt prägend für alle Schwellen, die sie in ihrem weiteren Leben überschreitet – erleichternd oder erschwerend.

Dornach, Sommer 1996   *Hermann Koepke*

Einleitung

Liebe Eltern,

am Montag ist der so ersehnte erste Schultag. Da beginnt eine wunderbare Wanderung. Sie fragen: Wohin? Der Weg führt durch ein breites, fruchtbares Tal mit einem rauschenden Bächlein, Bäumen, Wiesen und Tümpeln, Gezweig und Sonne, viel Wind und einem funkelnden Sternenzelt in der Nacht. Es sei ein Zauberland, hört man sagen; was dort gesät werde, trage ein Leben lang Früchte.

„Wievielmal noch schlafen?" kichern da und dort meine künftigen Reisebegleiter in ihren Bettchen, falls man sie überhaupt noch reinkriegt. Und jetzt können die lustigen Betthüpfer es bald an den Fingern einer Hand abzählen: Noch dreimal schlafen, noch zweimal schlafen, noch … Das Reisefieber ist riesengross. Es wird sicher sinken, wenn der erste Schultag vorbei ist und die erste Schulwoche hinter uns liegt.

Auch für Sie, liebe Eltern, ist es ein grosser Schritt. Ich möchte Ihnen gerne einen Einblick geben, was am Montag auf Ihr Kind wartet, was wir in der ersten Schulstunde machen und worüber wir uns so gewundert oder so gelacht haben. Darum schreibe ich für Sie Rückblicke. Ausserdem werden wir uns an Elternabenden und bei Hausbesuchen kennenlernen.

Es liegt mir viel daran, dass Sie einen ganz unmittelbaren Einblick in unser Tun und Treiben gewinnen. Ich freue mich auf den Montag, wenn ich den Kindern meine allererste Geschichte erzählen kann.

Der erste Schultag

Die Kinder haben sich von der Hand ihrer Eltern gelöst und stehen in der vordersten Reihe. In ihren Gesichtern ist grösste Erwartung. Was wird jetzt der Lehrer sagen?

„Liebe Kinder, hier vorne seht ihr diesen schönen Strauss mit Sonnenblumen. Wie er leuchtet! Wisst ihr, woher die Sonnenblumen alle kommen?"

„Aus der Migros?" „Aus dem Coop?" – „Aus der Gärtnerei!"

„Ja, vielleicht hast du gesehen, dass ich heute früh in der Gärtnerei war, wo ich sie geholt habe. Das stimmt schon. Aber woher hat sie die Gärtnerei?"

„Sie sind auf dem Feld gewachsen ..."

„Ja, auch da habt ihr recht. Sie waren heute früh noch auf dem Feld. Aber wie sind sie auf das Feld gekommen? Das Feld war ja einmal leer. – Seht, das geschah so: Da gab es einmal eine grosse Muttersonnenblume. Und in dieser Muttersonnenblume waren ganz viele Kernlein drinnen, so viele Kernlein, wie ihr hier Kinder seid, und sogar noch mehr.

Ein paar Sonnenblumenkerne waren schon ganz dunkel, weil sie die Sonne so gebräunt hatte. Sie sassen zuoberst und konnten es nicht erwarten, aus der Sonnenblumenmutter hinauszuspringen.

‚Du, hallo du!' schimpfte einer von ihnen. ‚Mach dich doch nicht so dick!' Aber der andere Kern erwiderte: ‚Was, nicht ich, du bist viel zu dick. Darum gibt es so wenig Platz.' Und jetzt fingen sie gleich an zu kämpfen, und die Kernlein, die darum herum sassen, halfen mit. Da ging es hin und her.

Hoppla, war einer draussen. Und *hoppla*, noch einer und dann noch zwei aufs Mal: *hoppla, hoppla!*

Das hatte das Kernlein Sorgenvoll alles mitangesehen. Uh, es sah, wie eines um das andere in die Tiefe stürzte, und es machte die Augen zu, ganz zu. Es war ihm schwindelig, wenn es nur daran dachte, dass sie alle in dem Abgrund verschwunden waren, wo hinunterzusehen es sich schon gar nicht traute.

Anders war es bei der Familie Sonnenfroh; die lachten alle. Sie wären nur zu gerne auch in die frische Luft hineingesprungen, wenn sie nur, ja, wenn ... wenn es nicht so weit hinuntergegangen wäre. Von so hoch springen, da gehört schon Mut dazu. Meint ihr nicht auch?

Als nun einmal der Wind die Blüte so schön hin und her wiegte, da nahmen sie sich ein Herz. ‚Kommt, gebt einander die Hände!' riefen sie. ‚Jetzt wollen wir fliegen', und sie flogen in hohem Bogen durch die Luft bis auf den Boden, und da schlugen sie noch ganz viele Purzelbäume.

Das Kernlein Sorgenvoll hatte das wieder mitangesehen, und wieder hatte es sich entsetzlich gefürchtet. ‚Nein, da will ich nicht hinunterspringen. Um Himmels willen, nein!' Kaum hatte das Kernlein so gedacht, da kam ein schwarzer Vogel und krallte sich in der Blume fest. Er blickte zuerst mit dem einen Auge nach dem Kernlein Sorgenvoll und dann machte er *pick*, dann blickte er mit dem anderen Auge und machte *pick*. *Pick, pick* machte er, denn er wollte das kleine Kernlein herauspicken. Das hielt sich aber nach Leibeskräften fest, so fest, als es nur ging. Es biss auf die Zähne. ‚Nein, nur nicht von einem Vogel verschluckt werden, nein!' Zum guten Glück flog der Vogel bald wieder davon, und das kleine Kernlein war gerettet.

‚Also, was ist das für ein Sturm', wunderte sich die Familie Kugelrund, die nämlich auch noch in der Blume wohnte. ‚Da kann man ja gar nicht ausschlafen. Fast wären wir noch herausgefallen, bei dem Geschaukel ...' ‚Oder es hätte uns noch der Vogel verschluckt', sagte ein anderes Kernlein. ‚Wenn's weiter nichts ist, im Vogelmagen hat man's wenigstens warm …' ‚Aber nein', widersprach noch ein anderes, und so redeten sie, bis sie wieder eingedöst waren. Und sie sassen ganz unten, wo aller Saft in der grossen, runden Blüte zusammenlief und gut schmeckte.

Da flog plötzlich etwas durch die Luft. Was war das? Es war das kleine, ängstliche Kernlein, dem der schwarze Vogel so arg zugesetzt hatte. Jetzt war es plötzlich doch auf die Erde gesprungen, ganz aus eigenen Stücken.

Aber warum? Es hat es niemandem gesagt. Aber wahrscheinlich hatte es davor Angst, dass der Vogel noch einmal kommen könnte. Da hat es sich wohl einen Ruck gegeben.

Bald danach fing es an zu regnen. Das kam der Familie Kugelrund ganz gelegen. ‚Tatü, tata – regnet's, dann fährt die Schneckenpost.' Und so rutschten sie alle, eins ums andere, an dem glitschigen, rutschigen Stengel hinunter. Das ging so lange, bis alle unten waren.

‚Was wollen wir nun da unten tun?' berieten die Kernlein. ‚Wir wollen wieder hinauf!' riefen sie, aber das war leichter gesagt als getan. Wie sollten sie denn da wieder hinaufkommen?

‚Ich hab's', rief eins von den schwarzgebrannten. ‚Wir machen auch eine grosse Sonnenblume. Wir müssen dazu nur den Kopf ganz tief in die Erde hineinstecken. Kommt!'

Und so machten sie es, und es wurden lauter schöne Sonnenblumen daraus, ganz leuchtende. Und seht, liebe Kinder, die stehen jetzt vor euch.

Aber ganz alleine haben sie es doch nicht gekonnt. Sie haben Hilfe bekommen. Wer hat wohl den Sonnenblumenkernlein geholfen? Darüber werden wir aber erst morgen sprechen; so könnt ihr es euch gut überlegen bis morgen."

Nun ruft der Lehrer die Kinder einzeln mit ihrem Namen auf, gibt jedem Kind die Hand und schenkt ihm eine Sonnenblume. Alle Kinder halten jetzt eine Sonnenblume in der Hand.

„Jetzt will ich mal sehen, was ihr schon könnt", sagt der Lehrer und nimmt ebenfalls eine Sonnenblume in die Hand. „Zuerst wollen wir den Kopf in die Erde stecken." Er geht in die Hocke und senkt den Kopf. Alle Kinder machen es ihm nach.

„Jetzt wollen wir die Blumen wachsen lassen." Der Lehrer richtet sich langsam auf, und die Kinder richten sich mit ihm langsam auf.

„Wie können wir es machen, dass die Blumen noch ein bisschen grösser werden?" fragt er.

„Wir können noch die Hände strecken", sagt eines der Kinder, und nun wachsen die Sonnenblumen höher und höher, bis es nicht mehr höher geht. Grosse Sonnenblumenlichter leuchten im Klassenzimmer, und darunter strahlen die Kindergesichter.

„Liebe Eltern, der erste Schultag ist etwas Schönes, aber auch etwas Schmerzliches. Ich weiss, wie es ist, wenn von nun an Ihr Kind jeden Morgen aus dem Haus geht. Der Sonnenschein ist weg, und das macht einen traurig.

Aber geradeso wie die Sonnenblumen durch Ihre Kinder hier im Klassenzimmer gewachsen sind, geradeso werden auch Ihre Kinder wachsen und durch ihre Schaffensfreude immer mehr Selbständigkeit und manches mehr erlangen.

So möge der Schulweg zu einem Lebensweg werden. Zu einem Lebensweg, auf dem auch für Sie manche Frucht reifen wird, auch wenn die Sorgen uns immer begleiten werden."

Erster Rückblick

Gerade und Krumme. Zuerst schauten wir auf ein paar Bücher, die die Erwachsenen lesen können. „Ihr könnt noch nicht lesen, aber ihr werdet lesen lernen. Ihr könnt noch nicht schreiben, aber ihr werdet schreiben lernen. Was brauchen wir denn dazu?" – „Die Hände!" rief Klaus. Dann betrachteten wir unsere Hände und wurden uns bewusst, dass wir sie zum Arbeiten haben. „Schaut, was meine Hand kann!" Ich nahm eine Kreide in die Hand und machte ihnen einen geraden und einen krummen Strich an der Wandtafel vor. „Könnt ihr das auch?" Jedes Kind bekam nun eine Kreide in die Hand und zeichnete einen geraden und einen krummen Strich an die Kinderwandtafel. Alle konnten es. Dann malten sie es an ihrem Platz auf ein grosses Blatt, während ich die Gerade und die Krumme noch einmal gross an die Tafel zeichnete.

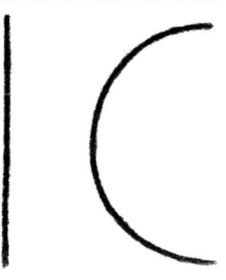 Es breitete sich bald ein wunderbarer Arbeitsfrieden aus, in dem man das Spriessen und Sprossen wie in einem Garten wahrnehmen konnte. Die Kinder arbeiteten an den beiden Grundformen, in denen alle Formen des Alphabetes enthalten sind. Sie sassen da wie kleine, verzauberte Samenkörnlein.

Es sind besonders fruchtbare Jahre, die da vor uns liegen. Alles, was wir säen, gedeiht. Wenn wir das Bäumlein an einem guten Pfahl hochbinden, kann es aufrecht zum Licht wachsen.

Es kommen mir die Worte Rudolf Steiners in den Sinn: „In dem Samen ruht schon auf verborgene Art – als Kraft der ganzen Pflanze – das, was später aus ihm herauswächst."[1]

Die Zahlen. Die Geraden lieferten uns dann die römischen Zahlen bis vier, die wir staunend auch auf unserer Kirchturmuhr entdeckten.

Noch mehr Zahlen fanden wir heraus, als wir dünne, trockene Holzstecken zerbrachen. Erst hatten wir einen Stock. Dann, *krach*, waren es zwei, *krach*, waren es drei, *krach*, vier, *krach*, fünf. Es wollte gar nicht aufhören. Jedes Kind wollte möglichst viele Zahlen von seinem Stecken „abbrechen". „Alle Zahlen sind eigentlich immer in dem einen Stock gewesen", fanden die Kinder zum Schluss heraus. Und damit hatten sie ein Weltgesetz entdeckt.

Auch von einem Blatt Zeitungspapier, von dem wir immer wieder abrissen, erhielten wir immer mehr Stücke. Dasselbe Gesetz beobachteten wir an einem Krug, der mit Wasser gefüllt war, das wir in viele Becher umgiessen konnten. Immer mehr Gefässe waren voll Wasser. In der Pause gingen wir auf eine Wiese, wo die reifen Pusteblumen des Löwenzahns standen. Immer, wenn wir pusteten, flogen viele Fallschirmchen davon. „Bei mir waren es acht." – „Bei mir zwölf." – „Bei mir hundert." – „Bei mir waren es über tausend." – „Und bei mir waren es eine Million." – Luftikusse sind „geniale" Rechner.

Mehr und weniger. Gestern zündeten wir an einem Licht immer mehr Kerzen an, bis es sieben Lichter waren, denn es war der siebte Geburtstag von Angela. Da machte sie selber eine wichtige Entdeckung: Holzstecken, Papier und Wasser wurden immer weniger, je mehr Zahlen wir erreichten. Auch die Pusteblume war am Schluss ganz kahl. Aber von der einen Kerze gewannen wir immer mehr Licht.

Das erste Wort. Übrigens erhielten die Gerade und die Krumme noch einen Freund, und das geschah so: Ein Hirtenknabe, der traurig eingeschlafen war, träumte von einem lichten Himmelskind, das mit ihm des Nachts in seinem Zimmerlein tanzte. Da wachte er ganz fröhlich auf und wollte das Tänzlein gleich mit seiner Schwester versuchen.

Immer zwei Kinder, die sich gegenüberstanden, gaben sich beide Hände. Hat Ihnen Ihr Kind erzählt, was für ein Buchstabe

entstand, als sich die beiden die Hände zum Tanz reichten? Es ist das H.

Jetzt schrieben wir alles, was wir bis dahin gelernt hatten, hintereinander auf: zuerst die Gerade, dann die Krumme und schliesslich das H. Und wer konnte das lesen? – ICH![2]

Erzählen. Das erste Märchen, das ich den Kindern erzählte, war der „Daumerling" aus Grimms Märchen. Sie haben sich köstlich amüsiert. Es gibt doch nichts Schöneres als das herzhafte Kinderlachen.

Unser Rätsel. Und natürlich hatten die Kinder auch schon am nächsten Tag herausgefunden, wer den Sonnenblumenkernlein geholfen hatte, die schönen, grossen Sonnenblumen zu machen. „Das war die Sonne." – „Und die Erde." – „Und der Regen." – „Und gewindet hat es ja auch einmal." – Seither singen wir mit grosser Freude jeden Morgen das Lied von Baumann: „Auf der Erde steh ich gern …"[3], ein Lied, in dem auch wir so schön in die vier Elemente eintauchen können.

Vorschau. In der nächsten Woche werden die Geraden – es sind durch die römische IIII inzwischen vier Freunde geworden – zusammen auf eine Wanderung gehen. Schon bei der ersten Rast (Viereck) merken sie, dass sie die beiden Krummen – das sind zwei Freundinnen – vergessen haben. Einer geht zurück, um sie zu holen, die anderen warten und rutschen zusammen (Dreieck). Als die Gerade und die beiden Krummen endlich kommen, machen die Geraden Platz. Sie nehmen die Krummen in die Mitte (Kreis innen) und setzen sich aussen herum (Viereck aussen). Dann machen sie es umgekehrt: Die Krummen machen sich ganz gross (Umkreis), so dass die Geraden in der Mitte Platz haben (Viereck innen). Ich bin sehr gespannt, ob die Kinder die Geschichte in die Formen über-

18

setzen können, und was für Lösungen sie finden und was wir dabei alles erleben werden. Augenblicklich suche ich noch nach Ereignissen, bei denen eine Lemniskate, ein Ei, ein Kreuz und eine Spirale (wie kommen sie ins Schneckenhaus hinein?) sowie andere Grundformen mehr entstehen können.

Elternabend. Noch etwas: Um uns kennenzulernen, wollen wir bald einen Elternabend machen. Haben Sie dazu Themenvorschläge?

Zweiter Rückblick

Unter den Schultischen gibt es Fächer. Wenn der Tisch frei sein soll, können die Kinder ihr Etui oder ihr Heft rasch unter dem Tisch versorgen. In diesem Sinne sagte ich: „Legt eure Flöte unter den Tisch, und dann dürft ihr in die Pause gehen." Die Kinder taten, was ihnen gesagt wurde. Sie gingen in die Pause und alle Flöten lagen unter den Tischen – auf dem Boden! Ein wunderschönes Bild, über das ich herzlich lachen musste.

*

Rechts und links. Viele kleine Verständigungsschwierigkeiten umgeben die Erstklässler. Mit welcher Hand hält man die Flöte oben, mit welcher unten? Welche ist die rechte, welche die linke Hand?

Die ganze Gestalt des Erstklässlers scheint sich mit dem „Problem" rechts/links auseinanderzusetzen. Man sieht die Schwierigkeiten in manch holprigem Lauf eines Buben, hingegen weniger deutlich – so scheint mir – bei Mädchen. Welche Hand gebe ich zum Gruss? Da bekomme ich eher von Mädchen die Linke. Führen wir aber rechts und links zusammen, indem wir die rechte und die linke Hand zusammenlegen oder die Hände falten, dann tritt gleich eine Beruhigung ein. Sofort sehen wir im Gesicht des Kindes, dass eine Harmonisierung, ein Gleichgewicht in seinen Gesichtszügen spielt. Womit hängt das zusammen?

Rechts und links bilden etwas, was sehr wichtig ist: Es ist die Mitte. Dieses Thema greifen wir im Formenzeichnen auf. Ich zeigte den Kindern, wie sich etwas spiegelt und wie die rechte und die linke Seite einander entsprechen. Dann gab ich nur die eine Seite vor und liess sie raten, wie die andere Seite aussehen müsse.

Eine von unseren Geraden – ein Bub – durfte ein Spiegel sein. Er stellte sich in die Mitte und streckte die Arme ganz gerade aus. Links stand eine der beiden Linien, die krumm sind, und das war ein Mädchen. Es lief einen Bogen, der sich in der Geraden spiegelte. Den Spiegelweg lief die Freundin auf der anderen Seite des Knaben. Wir übten es mit allen Kindern in kleinen Grüppchen. Hernach zeichneten wir die Spiegelform mit beiden Händen ganz gross in die Luft, dann auf die Kindertafel, und zum Schluss bekam jedes Kind wieder ein grosses Blatt. Auf den Blättern zeigte es sich am deutlichsten, wo die Schwierigkeit eigentlich liegt. Aber da konnten wir uns gut gegenseitig helfen. Hier zuerst die richtige und daneben die „falsche" Form:

Die Rechts-links-Symmetrie wird uns helfen, die eigene Mitte zu finden, das heisst, das Kind kommt zu sich selbst. So können wir auch der Legasthenie den

Riegel schieben. (Das legasthenische Kind verwechselt rechts und links. Mehr darüber am Elternabend.)

Erzählen. Ich erzählte den Kindern das russische Märchen „Och, der Waldkönig" und „Das tapfere Schneiderlein" nach Grimm.

Rechnen. Da ich mich entschlossen habe, zuerst den Schwerpunkt auf das Formenzeichnen zu legen und daran anschliessend ein paar Buchstaben einzuführen, haben wir das Rechnen ganz bewusst zurückgestellt, nicht aber das Zählen. Wir zählen jeden Morgen: unsere Finger und die Zehen, die Tafelkreiden, Wassertropfen, die Fensterscheiben, Zündhölzchen und vieles mehr. Sehr beliebt ist, dass ein Kind klatscht und wir mitzählen, wie oft es geklatscht hat.

Zählen ist die Grundlage für unser Rechnen. Dabei wechseln wir immer wieder die Betonungen, so dass es ein rhythmisches Zählen wird. Also zum Beispiel: eins zwei, drei vier, fünf sechs, und so weiter, was dann die Zweierreihe ergibt; oder etwas schneller schon: eins zwei drei, vier fünf sechs, und so weiter.

Vorschau. Ich werde zunächst ein paar Buchstaben einführen, die symmetrisch sind. Den Kindern habe ich ein Rätsel aufgegeben: Welchen Buchstaben kann der Mund immer noch sagen, selbst wenn er ganz geschlossen ist? Mit diesem Buchstaben fangen  wir in der nächsten Woche an. Jedes Kind kann ihn vom Nachbarn abschauen, vom **M**und natürlich.

Elternabend. Einige Fragen habe ich schon gesammelt. Gibt es noch weitere Fragen oder Anliegen?

Dritter Rückblick

Laute M und W. Natürlich malten wir zuerst die roten Münder. – Schade, dass Sie diese Bilder noch nicht gesehen haben: eine ganze Wand Münder, die schmunzeln und lachen! Sie können sie am Elternabend sehen. – Also wir folgten dann der Kontur der M-artigen Oberlippe und fanden so das M. Und welche Wörter fangen mit einem M an? Die Kinder fanden Mund, Maul, Mutter, Mann, miau und vieles mehr. Eva aber wollte ihr Wort nicht vor der ganzen Klasse sagen; sie kam zu mir und flüsterte mir ins Ohr: „Mündschi fängt auch mit einem M an."

In der Erzählung des Märchens vom Och wurden wir immer wieder ans Wasser geführt. Die Königstochter steht am Meer und schaut auf die Wellen. Wir folgten den Wellen und fanden die Form des W. Viele Wörter fanden wir, die mit W anfangen. – Ursula erzählte uns am nächsten Tag, dass sie das W gesehen habe: „Gestern hängte die Mutter Wäsche auf. Da sah ich,  wie in den grossen Leintüchern der Wind immer das W hineingeblasen hat. Und das W gibt es nicht nur in den Wellen im Wasser. Ich sah es auch im Kornfeld. Wenn der Wind weht, gibt es nämlich im Kornfeld Wellen, da macht der Wind das W im Kornfeld, wie er es auch im Wasser macht. Und in den Wolken macht er es manchmal auch."

Lautempfinden. Eine wichtige Beobachtung, die uns leicht entgeht: Die Kinder nehmen durch die Laute die Umgebung wahr. Das bildet die Sprache. Ursulas Beispiel galt einem einzelnen Buch-

23

staben. Hier ein ganzes Wort: Etwas raschelt am Abhang oder rollt vorbei, ein Stein vielleicht: – rrr – zu meinem Erstaunen: ah! – und verschwindet im Gebüsch: schsch. Mit dem rrr mache ich die unbestimmte, raschelnde Bewegung nach; ah! ist der Ausdruck meines Erstaunens. Mit schsch! ist es weg und im Busch verschwunden … Diese drei kleinen Lauterlebnisse ergeben zusammen r-a-sch: rasch!

Gestern fragte mich Boris, der als Jüngster von seinen älteren Geschwistern die meisten Buchstaben schon kennt: „Ich bin schon so gespannt, aus was wir das R lernen!"

Das R. Da fiel mir zuerst ein Windrad ein. Bläst man es an, dass es surrt, dann macht es rrr. Weil ich meine Geschichte gleich auf den nächsten Tag machen wollte, fiel mir etwas ein, das noch ein wenig in der Luft hängt – aber lieber selber ersonnen als makellos entwendet; vielleicht regt die Geschichte gerade dadurch zum Bessermachen an? (Der Zitterlaut R ist ein Laut der Luft und bewegt viel Luft, wenn man ihn spricht.)

So erzählte ich den Kindern von einem König, der dreiunddreissig rote Ritter hatte. Die schickte er eines Tages zum Berge Ararat. Dort – auf dem Berge – sollten sie für ihn eine Burg bauen. Es führte aber kein Weg hinauf, und durch die dichten Dornenhecken und den Wald war kein Durchkommen. So ritten die Ritter immer um den Berg herum: Dreiunddreissig rote Ritter ritten um den Ararat herum. „Wie kommen wir aber nur auf den Berg hinauf?" überlegten sie.

„Wir müssen fliegen", sagte ein Ritter. „Das geht nicht", widersprach ein anderer Ritter. „Doch, vielleicht geht es doch", meinte der erste. Er hatte auf dem Boden ein kleines Rädchen liegen gesehen, hob es auf und wendete es bedächtig hin und her: „Schaut!" Er nahm das Rädchen und machte am Rand allerlei Äste und dergleichen fest. In der Mitte, wo das Loch war, stiess er einen Ast hindurch. Als er nun das Rädchen am Rand so kräftig anblies, wie er nur konnte, machte es rrr! „Es kann sprechen. Seht, es ist ein Zauberrädchen!" triumphierte der rote Ritter. Aber damit konnten sie noch nicht in der Luft fliegen. Es fehlte ihnen noch der Zauberspruch. Aber wie war der Zauberspruch?

„Ich hab's", rief der Jüngste, denn ausgerechnet ihm war etwas eingefallen: „Dreiunddreissig rote Ritter ritten um den Ararat herum." Und wahrhaftig: Das war der Zauberspruch. Die Scheibe hob sich in die Luft, die Ritter hielten sich an ihr fest und gelangten so auf den Berg. Dort bauten sie das Schloss. Als es aber darum ging, die Fahne aufzustellen, hatten sie noch eine bessere Idee. „Wir wollen lieber unser schönes Windrad aufstellen", sagten sie und taten es auch.

Jedes Kind hat so ein Windrädlein gebastelt. Als Windschaufeln klebten wir Reiterchen aus rotem Papier an der Pappscheibe fest. Als wir bliesen, surrte das Rädchen: rrr! Als die meisten Kinder mit ihren Rädlein fertig waren, wurde Rolf, ein stiller Bub, ganz traurig. „Was hast du?" Er hatte gemerkt, dass alle Rädchen zuwenig Reiter hatten, nämlich weniger als dreiunddreissig. Darum basteln wir jetzt noch ein grosses Klassenwindrad mit dreiunddreissig roten Rittern. Übrigens fanden wir in den Speichen des Rades die Form des R.

Vorschau. Nachdem wir im Formenzeichnen sicherer geworden sind, einige Buchstaben kennengelernt haben und auch schon ein paar Worte schreiben können, werden wir jetzt den Schwerpunkt auf das Rechnen legen. Durch das *Zählen* bis hundert haben wir uns eine solide Grundlage erarbeitet. Wir werden im *Rechnen* den Zahlenraum bis zehn zunächst nicht überschreiten und beginnen mit der Addition, aber so, dass wir von einer Einheit – einer Handvoll Steine – ausgehen. Mehr davon im nächsten Rückblick.

Falls uns das Windrad nicht fortträgt, machen wir am Freitag nächster Woche unseren Elternabend. Folgende Fragen sind gestellt worden:

Woher kommt dieses „Problem" mit rechts und links, das unsere Kinder haben? Ich habe noch nie davon gehört. Ist das nur in unserer Klasse so oder betrifft das eigentlich alle Kinder? Wie geht man damit um?

Durch die Wochenrückblicke bekommen wir einen wunderbaren Einblick in Ihr Klassenzimmer und was da vor sich geht. Davon wüssten wir sonst nichts, denn unser Sohn erzählt von sich aus nie etwas. Weil wir nun aber manches durch die Rückblicke wissen, können wir mit unserem Andreas viel besser über die Schule sprechen. Darum unsere Frage: In welchen Zeitabständen gedenken Sie diese Rückblicke zu schreiben? Sie haben die Blätter bis jetzt in ein Vokabelheft eingeklebt, das Sie den Kindern jeweils am Freitag austeilen beziehungsweise mitgeben und dann am Montag wieder einsammeln. Werden das nun in Zukunft Wochenrückblicke sein oder Monatsrückblicke oder Epochenrückblicke? Und ist das nicht ein zusätzlicher, sehr grosser Arbeitsaufwand für Sie? Können wir etwas für Sie tun? Auf alle Fälle vorerst ganz herzlichen Dank! Was ist jetzt in der ersten Klasse das Wichtigste für uns Eltern, für die Kinder, für den Unterricht?

Obwohl mich die Fragen zu einem ganzen Buch inspirieren, werden wir zunächst einmal mit einem Elternabend anfangen.

Liebe Eltern!

Zu unserem ersten Elternabend möchte ich Sie auf das aller-
herzlichste willkommenheissen in unserem heimeligen
Erstklasszimmer, das fast noch ein kleines Zauberland ist,
wo Tiere, Zwerge und Menschen noch miteinander reden,
wo es viel zu staunen und auch herzhaft zu lachen gibt, zu
tanzen und zu klatschen und wo auch schon flink und emsig
gearbeitet wird, was Sie aus den Bildern an den Wänden
sehen können.

Manches von dem, was wir hier tun, hat Ihnen Ihr Sohn
oder Ihre Tochter schon erzählt, manches haben Sie auch aus
den Rückblicken erfahren. Einige von Ihnen haben mir gesagt, dass sie die Rückblicke sehr schätzen, was mich sehr
freut. Ein Elternpaar schrieb mir, dass diese Rückblicke ein
grosser Arbeitsaufwand seien, und fragte: „Können wir dafür irgend etwas für Sie tun?" Nun finde ich zwar nicht, dass
der Aufwand besonders gross ist, denn die Unterrichtsvorbereitung bedarf ja auch der Nachbereitung, des Rück-
blickes; und wenn ich diesen Rückblick in Worte fasse, wird
mir selber manches erst klar, was mir ohne die Ausformu-
lierungen vielleicht gar nicht so klar werden würde. Es gehört also mit in die Arbeit hinein. Trotzdem freue ich mich
über diesen Wunsch, den ich zugut habe.

Als ich darüber nachdachte, was ich mir wünschen
könnte, kam mir etwas in den Sinn, was uns allen weiterhilft:
den Kindern, Ihnen und mir selber natürlich auch: das ist
das Vertrauen. Ich wünsche mir für meine Arbeit Ihr Vertrauen. Wenn Sie mir dieses Geschenk entgegenbringen,
wird es mir um so leichter fallen, auch Ihnen mein Vertrauen

entgegenzubringen. Daraus kann eine wunderbare innere Kraft werden.

Es wurde ja auch die Frage gestellt, was jetzt, in der ersten Klasse, das Wichtigste ist, auch für den Unterricht; ich glaube, dass wir soeben das Wichtigste berührt haben.

Darum möchte ich diesen meinen Wunsch an den Anfang stellen, und ich hoffe, dass das Vertrauen nach und nach in den Mittelpunkt rücken wird, in den einen Mittelpunkt, aus dem heraus unsere ganze Schule so recht gedeihen, wachsen und blühen kann. So möge das Wichtigste zum *Wesentlichen* werden.

Und nun wollen wir auch damit beginnen, uns auf das Wesentliche der Erziehung zu besinnen. Was ist das *Wesen* der Waldorfpädagogik? Da kommt mir zuerst ein altes Bildwort in den Sinn, das die „Urlehrer" der Stuttgarter Schule – von Rudolf Steiner selbst eingesetzt – immer wieder gebrauchten. Es hat etwa den folgenden Inhalt:

Wenn ein Kind geboren wird, bringt es ein unsichtbares Brieflein mit auf die Erde. In diesem Brief steht seine Lebensaufgabe. Die Erziehungskunst besteht darin, diesen unsichtbaren Brief zu entziffern …

Damit sind wir bei dem eigentlichen Problem der Erziehung: Wie können wir einen Zugang zu diesem Unsichtbaren bekommen? Kommt uns aus dem Unsichtbaren etwas entgegen, worauf wir wirklich *vertrauen* können?

„Das Unsichtbare wird sichtbar werden", ist eine Art grundlegendes Prinzip in der Anthroposophie, und aus der Anthroposophie wird die Handhabung des Unterrichtes – die Methode – gewonnen. In dem Buche „Wie erlangt man Erkenntnisse der höheren Welten?" schildert Rudolf Steiner in dem Abschnitt „Kontrolle der Gedanken und Gefühle" in der sogenannten „Samenkornmeditation" einen Vorgang, wodurch seelisch-geistige Kräfte entwickelt werden können, um das Unsichtbare zunächst ahnend zu erfassen.

28

Der Meditierende betrachtet ein ganz reales Samenkorn. Dann folgt er in seiner Phantasie dem Wachstum, das stattfindet, würde das Körnlein in die Erde gelegt und durch Wasser und Wärme, Licht und Luft zur Entfaltung gebracht. Nun kann er sich sagen: „In dem Samenkorn ruht schon auf verborgene Art – als Kraft der ganzen Pflanze – das, was später aus ihm herauswächst." Durch mein Denken kann sich mir ankündigen, was erst später sichtbar werden wird. Indem dieser Gedanke nachhaltig empfunden wird, erweckt er eine seelisch-geistige Kraft, die bis in die Anschauung eines nicht sinnlichen Eindruckes von der Lebenskraft des Samenkornes gesteigert werden kann.

Wer diese Übung öfter macht – und zwar zusammen mit der Übung vom Welken und Samenbilden –, wird in der Folge Pflanzen anders wahrnehmen als vorher. Er wird zum Beispiel ein feines Gefühl in sich ausbilden, das ihn „weckt", geht er achtlos an einem Blumentopf vorbei, in dem eine Blume durstet oder vielleicht in einem ganz verkrusteten Boden zu ersticken droht. Es beginnt ein Sensibilisieren für feinere Lebensprozesse.

Diese Übung ist eine mögliche unter vielen anderen. In der Waldorfpädagogik und in der Anthroposophie gibt es viele Übungen dieser Art. Dieses Beispiel sollte nur verdeutlichen, wie es gerade in der Waldorferziehung darum geht, Gedanken, die das Wachsende, Lebendige betreffen, so in sich zu intensivieren, dass auch der Gedanke des werdenden Menschen lebendig gedeihen kann. Der Gedanke des Werdens, aber auch des Welkens und Absterbens kann bis ins Gefühl eindringen und eine Art Wahrnehmungsorgan werden, das dem Erzieher hilft, vielleicht gerade durch dieses Üben auf Kinder aufmerksam zu werden, die ganz besonders seiner Zuwendung bedürfen; vielleicht werden ihm Zusammenhänge bewusst, die er sonst ausser acht gelassen hätte. Werden und Welken und nach dem Welken wieder neues Werden, das sind Bildungs- und Umbildungsvorgänge, die uns durch die ganze Erziehung begleiten. So freut sich die Mutter über die prächtige Entwicklung des Neugeborenen, aber wenn ihr Kind dreijährig wird, ist doch eigentlich der Säugling in ihm „gestorben", und wenn das Kind in die Pubertät eintritt, o je – der liebe, nette Erstklässler, dieser Sonnenschein, er ist nicht mehr. Es wird nichts Neues geboren, ehe nicht das Alte absterben kann.

Werdendes und Vergehendes zu erlauschen, bedarf einer besonderen Vorbereitung. Und so tritt zu der Vorbereitung im üblichen Sinne in der Waldorfpädagogik noch ein gewichtiges Element dazu: Der Unterrichtende hat sich für seine Schüler „zuzubereiten". Und dieses „Zubereiten" steht *vor* der Unterrichtsvorbereitung des Stoffes. Denn nicht was der Lehrende tut, sondern was er ist, wirkt in entscheidendem Masse auf die Kinderschar.

Das alles – was uns selber als Erziehende betrifft – wollte ich vorausgeschickt haben, ehe wir nun in einem nächsten Schritt mit dem richtigen Verständnis den Wachstumsprozess unserer Kinder ganz konkret ins Auge fassen können. Worauf gründet sich unser Vertrauen in der Waldorfpädagogik? Wir vertrauen auf die Wachstumskräfte. Das bedarf einer Pädagogik, die in der Lage ist, Wachstumsgesetze zu erkennen, sie genau zu beschreiben und sie durch die „Erziehung" im Seelisch-Geistigen weiterzuführen.

*

Wie eine Pflanze sich nach und nach entfaltet, so treibt auch jedes Lebensalter des Kindes neue, aber ganz bestimmte Fähigkeiten hervor, die angesprochen werden wollen. Gelingt dieses Ansprechen, so wird nicht nur Wissen vermittelt, sondern Bildung. Gelingt es nicht, dann werden Fähigkeiten verschüttet. So bewege ich ständig in mir die Frage: Welche Kräfte sind es, die gerade jetzt in dem Kinde frei werden, die aus ihm heraus wollen, um durch den Unterricht gestaltet zu werden? Damit möchte ich auf die erste von Ihnen gestellte Frage eingehen:

„Woher kommt das Problem mit rechts und links, das unsere Kinder haben? Ich habe noch nie davon gehört. Gibt es das nur in unserer Klasse, oder betrifft es eigentlich alle Kinder? Wie geht man damit um?"

Wir wollen etwas ganz Alltägliches betrachten und besinnen. Schauen wir an, wie das Kind ein Kleid anzieht, wie es zuerst mit den Händen in den rechten und in den linken Ärmel hineinfahren muss, um in der Mitte mit dem Kopf durchzukommen. Dieses Anziehen möchte ich als ein Bild für den Inkarnationsprozess des Kindes nehmen. Er fängt am Kopf an, führt weiter nach unten zu Lunge und Herz und erfasst in der Geschlechtsreife ganz den unteren Menschen. Die Spur des Körperwachstums verläuft genau so, wie die Falten des Kleides fallen, wenn wir das Kleid über den Kopf ziehen und es dann herabfällt über die Schultern, die Brust, den Bauch bis zu den Knien. Diesen Inkarnationsprozess begleiten wir als Klassenlehrer vom Schuleintritt bis zur Pubertät, und das sind etwa sieben Jahre. Er verläuft von oben nach unten. Inkarnation heisst ja in carne = ins Fleisch hinein, gemeint ist der Einzug des Seelisch-Geistigen in die Leiblichkeit. Aber wie kommt es nun zu dem „Problem" mit rechts und links?

Schauen wir auf die ganze Gestalt des Menschen: Da haben wir die Symmetrie von rechts und links! Im Kopfbereich eng und intensiv gestaltet, werden die Doppelformen im Brust- und Schulterbereich schwungvoller und weiter, um sich noch freier in den Gliedmassen zu zeigen und im Schreiten dann ganz zu verlieren. Die Symmetrie ist die äussere Erscheinungsform; im Körperinneren sieht es anders aus, da ergibt sich ein abweichendes Bild.

Der Kopf ist aussen und innen symmetrisch, in der Brust haben wir bei den Bronchien und Lungen noch eine Symmetrie, die aber in sich schon leicht verschoben ist, das Herzorgan findet sich jedoch einseitig in unserer linken Brust; in der Bauchhöhle werden die Asymmetrien immer deutlicher. Nur die Nieren mit den Fortpflanzungsorganen machen da eine gewisse Ausnahme. Jetzt können wir zusammenfassen:

- Der Inkarnationsprozess beginnt in der Kopfregion mit Links-rechts-Symmetrie.
- Dann schiebt sich der Inkarnationsvorgang von oben nach unten eine Stufe tiefer in die Brustregion, wo die inneren Organe die Links-rechts-Symmetrie allmählich verlassen.
- In einem dritten Inkarnationsschub wird der untere Mensch ergriffen. Es kommt die Raumesrichtung hinten/vorne dazu, in die wir hineinschreiten.

So ergreift der Heranwachsende nach und nach die drei Raumesrichtungen, durch die er ein Erdenbürger wird: rechts/links, oben/unten, hinten/vorne. Das ist ein Vorgang, der von einem anderen Gesichtspunkt nochmals anschaulich wird. Wir wollen drei Beispiele aus dem plastischen Schaffen der griechischen Antike betrachten.[4] (Siehe Abbildungen auf S. 33/34.)

Eine wunderbare Entwicklung zeigt sich in der plastischen Kunst Griechenlands: Sie entwickelte sich in ähnlicher Weise, wie sich das heranwachsende Kind vom Schuleintritt bis zur Geschlechtsreife entwickelt.

In dem frühesten der drei Werke ist die Symmetrie eindeutig am stärksten ausgeprägt. Die Symmetrie durchstrahlt die ganze Gestalt, in der das Haupt wie eine Sonne wirkt.

Diese Zentrierung verliert sich im fortschreitenden Prozess der Inkarnation. Wir sehen, wie sich nun aus der strengen Symmetrie das Standbein und das Spielbein allmählich

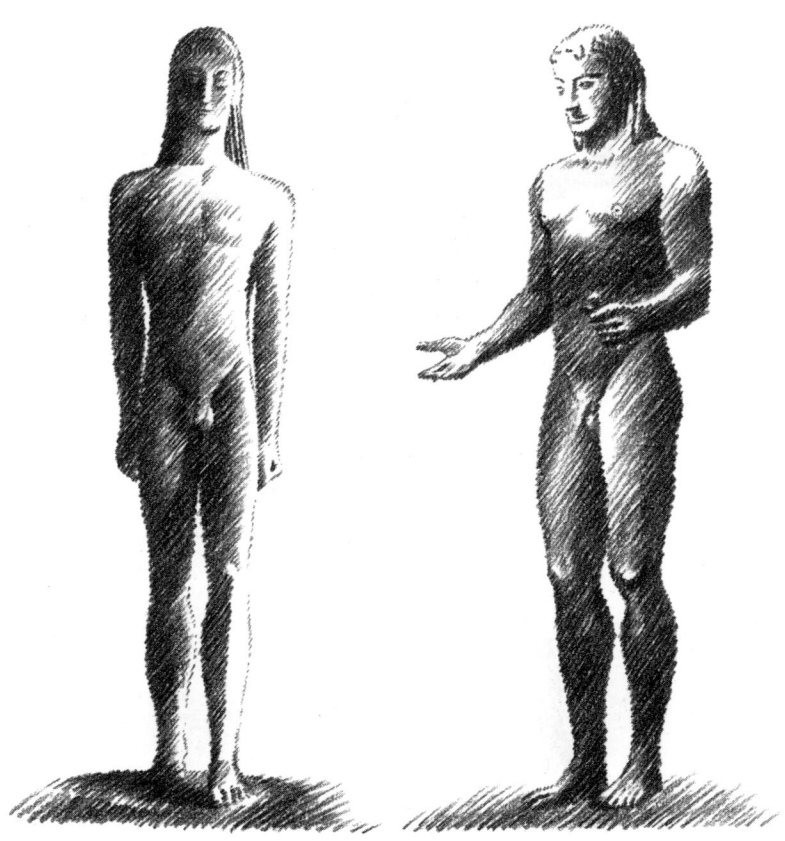

herauslösen und durch Arme und Hände die Geste reift, als wollte die Figur sprechen.

In Ziel und Wurf wird der ganze Umkreis – der ursprünglich von aussen bildete – von innen kraftvoll erfasst.

Diese drei bedeutsamen Entwicklungsschritte vollzieht das Kind in dieser Reihenfolge mit dem *siebten*, dem *neunten* und dem *zwölften* Lebensjahr.

Ich möchte diese Betrachtung mit einer Begebenheit aus dem Schulalltag abrunden. Ob Sie darin die Entwicklungsphase sehen, in der Ihr Kind jetzt steht?

Heute gingen wir auf eine Spielwiese beim Wald, wo ein Baum wenig erhöht als Balancierstange aufgestellt ist. Was geschah? Die Kinder stürzten sich auf diese Gelegenheit, um mit ausgestreckten Armen zu balancieren. Als wir wieder im Klassenzimmer waren und gearbeitet hatten, kreuzten wir zum Schluss des Unterrichtes die Arme vor der Brust und sagten unseren Pausenspruch. Und man konnte in den Kindergesichtern lesen, dass ihre Lebenskräfte durch diese Gebärde der gekreuzten Arme ergriffen und geordnet wurden.

34

Es war ein innerliches Ordnen, seelisch – auf dem Baumstamm war es ein willentliches Ergreifen des ganzen Körpers, physisch. Es machte den Kindern Freude, in dieser Weise mit dem Gleichgewicht zu spielen, es zu verlieren oder zu gewinnen. In beiden Fällen, sowohl draussen auf dem Balancierbaum wie drinnen in der Klasse, als wir bei dem Spruch die Arme kreuzten, brachten wir rechts und links zusammen und erzeugten eine wundervolle innere Ordnung.

Woher kommt das eigentlich, dass dies gerade in diesem Alter bei den Kindern so stark wirkt? Es sind die Wachstumskräfte dieser Altersstufe. Sie wirken in der Symmetrie des Kopfbereiches. Und im Kopfe findet ja augenblicklich ein intensives Geschehen statt. Schauen wir dem Kind in den Mund! Das ist ein Garten, in dem es welkt und spriesst, wo die Zähne des bleibenden Gebisses mit einer starken Kraft den Weg frei machen und hervortreten. Und es wundert uns eigentlich nicht, dass wir gerade im Zahnwechsel des siebten Lebensjahres eine Gebärde ganz besonders ausgeprägt haben, die die Kinder so gerne üben und unbewusst auch verlangen. Wir finden sie im Zahnschema. Wir brauchen nur darauf zu schauen, welche Zähne des zweiten Gebisses zuerst erscheinen und welche dann durchbrechen:

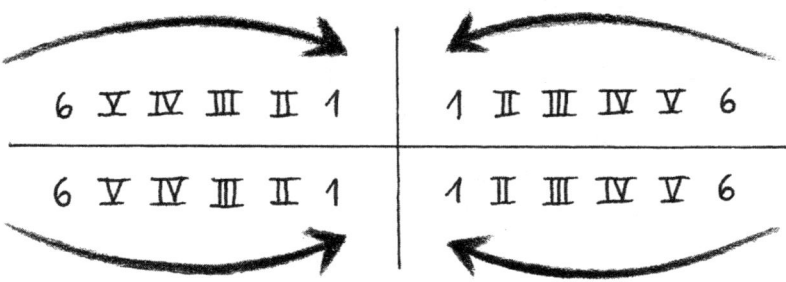

Der Impuls für den Zahnwechsel steckt in den Backen-zähnen, die hier mit der arabischen Zahl 6 gekennzeichnet sind. Die Milchzähne sind mit römischen Zahlen gekenn-zeichnet. Die Sechser treten gewöhnlich im sechsten Lebens-jahr als die ersten Zähne des bleibenden Gebisses durch und schieben übrigens keine Milchzähne weg, wie oft angenom-men wird. Aber wohin geht jetzt der Impuls? Welche Zähne werden jetzt gewechselt? Das ist eine Überraschung: Es sind ganz vorne, in der Mitte, die vier Schneidezähne, die Einser.

Sobald das geschehen ist, beruhigt sich etwas in dem Kinde. Es kommt in eine geheimnisvolle Ordnung. Es ist eine Ordnung, die wir vorher immer wieder zu erreichen versuchten, indem wir die Symmetrieformen übten, die Arme kreuzten, die Hände falteten oder auf der Stange balancierten. Was sagen uns diese Gebärden? *Sie folgen alle dem Impuls, links und rechts zu koordinieren, die Mitte zu bilden.* Und diese Mitte plastiziert das Kind vorne im Mund, wenn es die vier Schneidezähne wechselt. – Wenn uns die grosse Unruhe der Erstklässler manchmal zuviel wird, dann unter-schätzen oder übersehen wir vielleicht, um was die Kinder sich bemühen und ringen müssen. Das Kind erobert im Kopfbereich die Mitte und verwandelt sich dabei äusserlich und auch innerlich. Wie viel verständiger wird es doch dabei!

Auf dieses Phänomen, dass die bildenden Kräfte des Wachstums – oder „Bildekräfte", wie sie Rudolf Steiner nennt – auf dem Wege der Inkarnation im zweiten Jahrsiebt gesamthaft von oben nach unten arbeiten, beim Schuleintritt aber im Kopfbereich von aussen zur Mitte führen, habe ich Sie in den Rückblicken schon teilweise aufmerksam ge-macht. Wir üben mit den Spiegelformen nichts anderes als genau das, was in den bildenden Kräften im Zahnwechsel, im Wachstum vor sich geht.

So kann ich dem Kinde sagen: „Hier zeichne ich etwas." Und auf der anderen Seite der Spiegelebene zeichne ich aber nur eine Andeutung davon, ich mache es also nicht fertig, sondern deute die Spiegelform nur an. Und genauso intensiv, wie sich die Kinder auf die Balancierstange gestürzt haben, so intensiv – aber diesmal mehr innerlich intensiv – sind sie auch hier bei der Arbeit, die sie gerne machen, um das Fehlende zu ergänzen. Fazit: Sie vollziehen aktiv, was der Zahnwechsel „passiv" bringt.

Und noch etwas: Schauen wir jetzt einmal in unserem Klassenzimmer die grossen Symmetrieformen an, die die Kinder für Sie mit farbigen Kreiden auf die Kinderwandtafel gemalt haben. Aus einer jeden Form spricht sich das Wesen eines Kindes aus. Natürlich empfindet man das noch stärker, wenn man den Kindern beim Tun zugesehen hat und weiss, welche Form zu welchem Kinde gehört. Darum steht bei jeder Form noch der Name.

Die Kinder malen einerseits an der Tafel und folgen damit dem von mir gegebenen Lehrstoff, aber andererseits arbeiten sie zu gleicher Zeit an sich selbst, denn sie gehen mit denselben Kräften ans Werk, die auch in ihnen wirken, und damit wird der Lehrstoff zugleich auch zu einem Erziehungsmittel.

So ergreift das Kind seinen Leib. Es kommt in Einklang mit sich, erhöht seine Konzentrationsfähigkeit. Der Unterricht ist eine Fortsetzung derjenigen Kräfte, die von einer höheren Ebene aus herunterwirken auf das Kind.

*

Dazu eine Frage: „Gilt das alles nur für das Formenzeichnen oder hat das auch eine Gültigkeit für den übrigen Unterricht?"

Bis jetzt haben wir nur die Symmetrieformen betrachtet, wie sie die Augen sehen, die in dem durch Symmetrie gekennzeichneten Kopfe sitzen. Schauen wir nun auf die Hände, die die Symmetrieformen zeichnen. Da tritt etwas ganz Neues auf: Die eine Hand ruht, während die andere zeichnet. So etwas können wir mit den Augen nicht, sonst könnten wir mit dem einen Auge vielleicht geradeaus schauen, während das andere Auge sich seitlich irgend etwas ansähe.

Was bedeutet dieser Unterschied? Wenn wir den streng symmetrisch geordneten Kopfbereich verlassen und eine Stufe tiefer in den Bereich des Rumpfes kommen, wo wir die Bewegung der Hände haben, oder noch weiter hinuntergehen, wo wir die Bewegungen der Beine und Füsse haben, so sehen wir, dass die Symmetrie überwunden wird. Wir beobachten asymmetrische Bewegungen, die aber eine Beziehung zur Symmetrie haben, insofern unsere Bewegungen von Händen und Füssen nicht auseinanderfahren, sondern koordiniert sind. Die Mitte wird umspielt durch das ständige Streben nach *Gleichgewicht*. Das ist in gewissem Sinne die Erweiterung des Formenzeichnens, nach der Sie gefragt haben.

Was machen denn die Kinder, wenn sie auf der Spielwiese Bockspringen üben? Einer bückt sich, der andere springt darüber. Ja, da müssen die Füsse vor dem Absprung recht gleichmässig belastet sein, die Hände müssen sich recht genau nebeneinander abstützen und der ganze Körper muss doch im Gleichgewicht sein, soll der Sprung gelingen. Und wie schön wird das Gleichgewichtsorgan in der Eurythmie gebildet, denken Sie nur an das dreicilige Schreiten!

Oder denken wir an das Flötenspiel! Was geschieht denn beim Flöten? Die linke Hand greift oben, die rechte unten; beide greifen sie zur Mitte. Die Mitte ist die Flöte, die sogenannte Klangsäule. Aber am Anfang ist sie noch keine Klangsäule, denn die ersten Töne quietschen. Was muss jetzt alles koordiniert werden, um der Flöte den Klang zu entlocken? Das sind die Arme, Hände, Finger, die Fingerspitzen, die die Löcher gut verschliessen müssen, und der Atem, der mit den Bewegungen von Armen, Händen, Fingern und Fingerspitzen fein abgestimmt sein muss. Und wenn alle diese Beziehungen von aussen stimmen, erklingt die Mitte.

So wie das Kind, wenn es das Kleid anzieht, zuerst mit den Armen symmetrisch durch die Ärmel fährt und dann den Kopf durch das Kleid steckt, andernfalls aber nicht weiterkäme, weil es sich verwurstelt, so versuche ich zunächst auch nichts anderes, als die Symmetrieübungen als einen Anfang, als einen Einstieg zu gebrauchen. Daher suchten wir zuerst lieber die symmetrischen Buchstaben M und W und gingen dann zu dem R, malten zuerst Viereck, Dreieck und Kreis und erst dann die Spirale. Haben

wir die Mitte einmal gewonnen, so ist der Ausgangspunkt klar: Wir können uns entfernen, aber wir wissen auch immer, wohin wir zurückkehren können.

Genauso wichtig wie die Schulung, die durch die Symmetrieübungen geschieht, ist die Schulung des inneren Gleichgewichtes im Erlebnisbereich. Das Kind schwankt zwischen Ernst und Heiterkeit, Hellem und Dunklem, Schönem und Hässlichem und so vielem mehr. Wie können wir das gestalten?

Als einen notwendigen Gegenpol zum Formenzeichnen hat man das freie Malen mit Wasserfarben, wo es nicht um Kontur und gedankliche Anstrengung, sondern um ein Ertasten und Eintauchen in die tiefe, flutende Farbenwelt geht. Aber was ertastet das Kind beim Malen? Ist es nicht auch ein ständiges Suchen nach einem Gleichgewicht, einem Gleichgewicht der Farben und Flächen? Ein Bild kann schreiende oder verwaschene Farben haben, Flächen, die erdrücken oder auseinanderfahren, aber das Bild kann auch einen guten Farbklang haben, gut komponiert sein. Auch im Malen kann das Kind sein inneres Gleichgewicht bilden.

Ein Vater: „Darf ich eine Frage stellen? Wenn ich Sie recht verstehe, dann wollten Sie uns diejenigen Fähigkeiten zeigen, die gerade jetzt aus unseren Kindern hervortreten und die Sie durch den Unterricht gestalten wollen. Sie sprachen vorhin aber auch davon, dass Fähigkeiten verschüttet werden können. In unserer Klasse gibt es wohl auch Kinder, die mit der Legasthenie zu kämpfen haben. Wie ist das zu verstehen?"

Diese Frage will ich gerne aufgreifen. Vorweg aber eines: Es können sehr wohl auch in einer Waldorfklasse Legastheniker sein. Es ist die Frage, wo der schädigende Einfluss liegt. Den muss man herausfinden. Die Schule ist nur *ein* Ort, wo das Kind sich befindet. Und darum ist es auch so wichtig, dass die Eltern zu Hause wissen, auf was es ankommt.

Das ganze Problem der Legasthenie lässt sich eigentlich darauf reduzieren, dass das betreffende Kind sich in seinem Leib nicht gefunden hat, sich nicht richtig mit ihm verbinden kann, dass es kein gutes Körpergefühl hat. Die Mitte fehlt ihm, weil es die körperbildenden Kraftwirkungen von rechts und links noch nicht beherrscht. Es kann nicht gut balancieren, vielleicht nicht einmal über einen geraden Strich auf dem Boden gehen. Auf den ersten Blick fällt auf, dass es die Buchstaben verworren aufs Blatt schreibt. Es bringt die Reihenfolge der Buchstaben durcheinander und schreibt vieles spiegelverkehrt. So verwechselt es unter anderem immer wieder b und d sowie p und q. Unter Druck und Stress kann das Kind immer weniger leisten. Schreiben wir diese Buchstaben in ein Schema und tragen das Zahnkreuz ein, dann sehen wir den „Schuldigen": Das Kind kann die Symmetriekräfte von rechts und links nicht beherrschen.

$$d \mid b$$
$$q \mid p$$

Lässt man das legasthenisch veranlagte Kind eine Symmetrieform zeichnen, dann „rutscht" es in die vorgegebene Form hinein, indem es ihr parallel folgt. Es muss sich unglaublich anstrengen, um die Kraft aufzubringen, den mittleren Raum – zwischen der linken und der rechten Form – zu bilden. Man kann erleben, dass das Kind sich mit Zug- und Druckverhältnissen auseinandersetzen muss, wie sie auch beim Zahnwechsel auftreten. Und in aller Regel hat ein solches Kind Schwierigkeiten mit dem Zahnen, das heisst, die Zahnstellungen sind unregelmässig.

Neulich machte ich mit einem legasthenischen Knaben das Folgende: Wir stellten uns einander gegenüber und drückten unsere Handflächen wie die verkleinerten Puffer zwischen zwei Eisenbahnwagen sanft aufeinander. Jetzt zeichneten wir – Hände auf Hände – eine Symmetrieform in die Luft. Da konnte ich die Kraft in der Hand des Kindes deutlich spüren, aber ich spürte auch die Schwäche in der einen Kinderhand, die lieber einen Parallelismus als eine Symmetrie ausgeführt hätte. Der Knabe liebt diese Übung, und ich spüre, wie ich ihm dabei eine Kraft zuströmen lassen kann, die er selbst – noch – nicht hat.

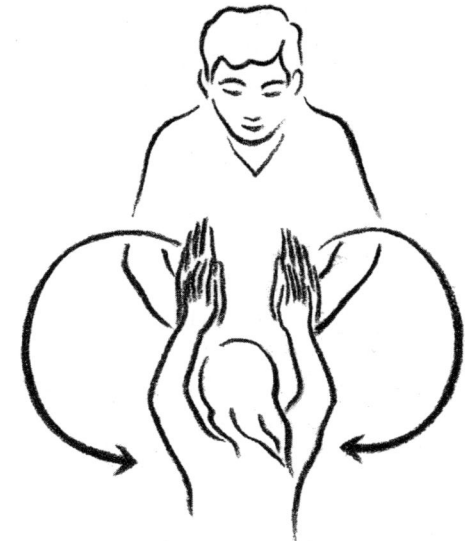

Diese Kinder liegen mir besonders am Herzen. Man muss sie davor schützen, dass sie in der Schule Leistungen erbringen müssen, die von ihrer Körperentwicklung aus gesehen noch gar nicht möglich sind. Lockeres, heiteres, phantasievolles Üben hilft weiter, aber jede noch so leise Überforderung wirkt kontraproduktiv.

Schaut man bei solchen Kindern nach den Zähnen, dann stellt man manchmal fest, dass der Zahnwechsel noch gar nicht begonnen hat. Die körperbildenden Kräfte sind also noch gar nicht so weit herangereift, und damit wird klar, dass in solchen Fällen vom Kind etwas verlangt wird, was es entwicklungsmässig noch nicht erbringen kann.

Eine Mutter: „Wie helfen Sie denn einem Legastheniker?"

Hat das Kind zum Beispiel noch nicht einmal die Sechser gebildet, so müssen wir zuerst der Frage nachgehen, ob es, von der Körperreife her gesehen, überhaupt schon schulreif ist. Wie verhalten sich Armlänge und Kopfgrösse zueinander? Kann das Kind mit seinem rechten Arm über den Kopf greifen und das linke Ohr mit der Hand berühren, oder ist es so, dass das Ärmchen noch relativ viel zu kurz und der Kopf noch relativ viel zu gross ist? Ist es das jüngste Kind in der Klasse? Hatte es vielleicht eine Operation, die seine Entwicklung verzögerte? Manches mehr gibt es abzuklären, wie zum Beispiel sein Verhalten gegenüber den anderen Kindern und wie es dem Unterricht folgen kann. Wir müssen uns darüber im klaren sein, dass die Legasthenie leicht auftreten kann, wenn das Kind unterrichtet wird, obwohl es die Schulreife noch gar nicht erlangt hat.

Hat das Kind aber die Schulreife, so kann man ihm sehr wohl helfen, und zwar gerade dadurch, dass man diese Symmetrieformen ganz besonders pflegt. Es kommt darauf an, dass man die Formen sehr gross macht; an unserer Kindertafel können sie metergross werden. Und indem man selber zur gleichen Zeit auch so eine Form malt, die so ähnlich ist, aber doch anders, damit sie nicht direkt abgeschaut werden kann, strömt man dem Kinde diese innere Ruhe zu, die es so sehr braucht, denn es lebt in einer inneren Anspannung, vielleicht sogar in einer inneren Zerrissenheit.

Nun haben wir gesehen, dass wir im Einklang mit den bildenden Kräften unterrichten müssen und dass durch den Unterricht die freiwerdenden Wachstumskräfte zu Bewusstseinskräften umgestaltet werden können. Dabei kann es zu Störungen kommen, Störungen, die sich zwischen die Körperbildung und die Schulbildung schieben. Da kann auch folgendes vorliegen:

Ein Kind, das ganz normal schrieb, wurde eines Tages schwer legasthenisch. Das war mir so lange unbegreiflich, bis ich erfuhr, dass sich die Eltern scheiden liessen. Diesem Kind halfen die Symmetrieformen, aber auch ganz besonders das Wasserfarbenmalen. Es konnte sich dabei gut entspannen und sein seelisches Gleichgewicht nach und nach wiederfinden. Als die Scheidung endlich vorbei war, verschwanden die legasthenischen Symptome ganz und gar.

„Ich habe noch eine Frage: Sie stützen alles sehr stark auf die Bildung der Gestalt ab und betonen auch immer wieder den Zusammenhang von Körperbildung und Schulbildung. Ist das wirklich so wesentlich?"

Ein anschauliches Beispiel ist die Entwicklung in den sechziger Jahren des zwanzigsten Jahrhunderts. Da machte man eine leidvolle Erfahrung:

- zuerst eine starke Welle, die die Vorschulerziehung proklamiert, dann
- konstatieren Zahnärzte einige Jahre später in zunehmendem Masse Unregelmässigkeiten beim Zahnwechsel, und schliesslich
- spricht man von Legasthenie und wenig später auch von Dyskalkulie.

Das sind drei aufeinanderfolgende Ereignisse, die für sich sprechen: Zuerst beginnt die unheilvolle Vorschulerziehung, dann treten Fehlentwicklungen im Zahnwechsel auf, und wenige Jahre später hat es die Pädagogik mit Legasthenie und Dyskalkulie zu tun. Arme Kinder! Hier sehen Sie, was für Unheil geschehen kann, wenn man nicht darauf Rücksicht nimmt, in welcher Weise die verschiedenen Ebenen zusammenwirken.

Wenn wir später der Frage: *„Rechts oder links?"* nachgehen werden, können wir diese Problematik der Legasthenie noch einmal aufgreifen und in einem grösseren Zusammenhang besser verstehen.

*

„Ich möchte noch eine provokative Frage einbringen: Ist Erziehung überhaupt nötig? Gleichgewichtsübungen macht das Kind den ganzen Tag, vielleicht noch intensiver, wenn es gar nicht zur Schule ginge und viel spielen würde."

Was würde geschehen, wenn ein Kind auf einer einsamen Insel im Atlantik aufwachsen könnte? Es würde der Zahnwechsel eintreten und auch die Geschlechtsreife, aber es würden sich der aufrechte Gang, die Sprache und das Denken nicht entwickeln können. Die Verwandlung der körperbildenden Kräfte in seelische und geistige Fähigkeiten braucht die äussere Anregung, braucht Erziehung. Darum kommt das Kind in die Schule.

Wir dürfen uns nicht verwirren lassen von der Vielfalt dessen, was das Kind alles „von selbst" lernt! Da lernt es mancherlei. In der jetzigen Altersstufe muss es aber vor allem einen ganz wichtigen Schritt in seiner Inkarnation tun: Es muss lernen, die Rechts-links-Symmetrie zu beherrschen, und in dieser Richtung muss der ganze Unterricht aufgebaut sein, das ist der rote Faden, der sich durch die ganze Vielfalt hindurchzieht.

Bildhaft gesprochen würde ich gerne sagen: In unserer ersten Klasse kommt es darauf an, dass wir den obersten

Knopf richtig zumachen, sonst kommen wir später mit der ganzen Reihe nicht zurecht. Diese Aufgabe kann auch verfehlt werden. Und sie wird mitunter verfehlt, wie wir am Beispiel der Legasthenie gesehen haben.

Diese Einsicht auferlegt uns die Verpflichtung, dem Kind in der Schule eine menschenkundlich orientierte Führung zu geben. Kommt es zur Schule, so bringt es seine körperbildenden Kräfte mit. An diesen Kräften müssen wir uns zuerst orientieren, denn diese Kräfte wollen wir verwandeln in seelische und geistige Fähigkeiten.

Eine klare Führung wird heute vielfach angefochten, weil häufig die Ebene des Erwachsenen mit der des Kindes vermischt wird. Als Erwachsene können wir eine Führung ablehnen, die autoritativ ist; das Kind aber begehrt danach.

Da fällt mir eine kleine Begebenheit ein, die mich zum Nachdenken angeregt hat. Ich stand an einer verkehrsreichen Strasse, die ich überqueren wollte. Da legte sich mir eine kleine Hand in meine grosse Hand, und ein kleines Mädchen fragte mich: „Ich will über die Strasse, hilfst du mir?"

Ein Echo von Elternseite

Ihre Rückblicke fordern doch eigentlich auch unsere Rückblicke heraus, soll eine gemeinsame Erlebnisgrundlage entstehen. Darum einige Zeilen zum Elternabend aus unserer Sicht.

Ich habe mich gefragt, woran es liegt, dass Waldorfpädagogik so oft missverstanden wird. Ob wir Lebensvorgänge mit unserem Denken einfach nicht mehr erfassen können? Sind wir auch verschult, und ist das das Ergebnis von Naturwissenschaft und Informatik?

Was mir besonders gefallen hat, war Ihr Beispiel, wie Sie dem legasthenischen Kind helfen. Sie sitzen neben ihm und machen ebenfalls eine Symmetrieform. Auch in Ihrem Unterricht konnte ich beobachten, dass Sie oft Ähnliches an der Tafel üben, was die Kinder in den Heften zu tun haben. Das ergibt diese Unterrichtsstimmung, die mir so wertvoll erscheint. Das kann ich mit einem kleinen Erlebnis belegen. Nach der Geburt unseres dritten Kindes hatte ich einmal keine Milch. Das ist bei all unseren Kindern nie passiert – gottlob! Der Grund? Ich war durch familiäre Verhältnisse in eine starke innere Unruhe geraten, und das reichte. Der Nährstrom zwischen Mutter und Kind war abgerissen. Das, meine ich, gilt auch für den Unterricht. Das Kind braucht eben jetzt die seelische Milch – in der Pubertät eine geistige.

Dann sehe ich ganz deutlich, dass die Vorschulzeit jetzt abgeschlossen ist und unser Jüngstes nun dringend eine Umgebung ausserhalb von Kindergarten und Familie braucht, in der es liebevoll gefordert wird. Die Genialität, die in der

Nachahmung liegt, verhilft dem Kind zu vielem, nur zu einem nicht: Es würde das Kind nicht vom Kindsein lösen.

Wie Sie nun den letzten Rest der Nachahmungsfähigkeit über die Phantasie in den eigenen Willen des Kindes einbinden, das ist für mich das Allerwesentlichste. Auf diese Weise bleibt etwas erhalten von den besten Kräften, in denen das Schöpferische und das Gesundende fliesst. Jetzt verstehe ich das hinlänglich bekannte Bild für die autoritative Erziehung – das Bild von dem jungen Baumstamm und dem Pfahl – noch von einer anderen Seite. Diese Aufrichte des Pfahles überträgt sich in das Wachstum des Baumes.

Warum die echte autoritative Erziehung nicht verstanden wird, ist mir dadurch auch klar. Sie schliesst eben eine ganze Portion Verantwortung mit ein. Und die ist nicht klein! Wie viel einfacher wäre die alte Vogel-Strauss-Politik: Das Kind entscheidet!

Übrigens ist mir aufgefallen, dass Sie eine so schwierige Entscheidung wie die, ob das Kind nun rechts oder links schreiben soll, noch gar nicht angesprochen haben. Das könnte zwar bei einigen Eltern sehr aktuell sein, aber ich verstehe auch, dass Sie das individuell besprechen und an einem Elternabend das Thema noch so lange zurückstellen, bis die Voraussetzungen für ein so schwieriges und heikles Thema geschaffen sind. Ich warte aber sehr darauf.

Was ist autoritative (nicht autoritäre!) Erziehung? Das wäre wohl auch mal ein gutes Thema für einen Elternabend. Ich würde gerne hören, was da jeder einzelne dazu sagen würde und wie weit die Richtungen in unserer Klasse auseinandergehen. – Die armen Kinder, die autoritär überformt wurden, sich später im Erwachsenenleben in so manchen Zwängen befinden und sich mit ihren Mitmenschen oft nur schwer austauschen können! Aber gewiss haben auch die Menschen genug zu leiden, die als Kind gar keine Führung hatten, als junge Menschen dann die allergrösste Mühe haben, sich selber zu finden, und lange eine Last für ihre

Umgebung sind. Und wie viele Mischformen liegen dazwischen!

Haben wir uns als Erzieher schon ernstlich gefragt: Wo war ich in meinem Leben selber prägend, und wo habe ich die Prägung von aussen erhalten? Wir müssen gar nicht immer nur auf das Kind schauen, sondern auch mal uns selber hinterfragen. Da würde uns manches klar, wie wir mit unseren Kindern umgehen. Ich würde das nicht sagen, wenn mein Mann und ich uns nicht diese Frage gestellt hätten, wobei wir zu erstaunlichen und überraschenden Ergebnissen gekommen sind. Die geliebte, sichere Autorität sind wir schon infolge unserer eigenen Erziehung nicht, wir können sie höchstens werden. Das war jedenfalls unsere Erfahrung.

Im übrigen fand ich, dass am Elternabend Grundsätzliches zur Sprache kam. Andererseits konnten viele Probleme, die uns interessieren, ja auch schon aus zeitlichen Gründen noch gar nicht behandelt werden, als da sind:

- Welche Grenzen setzen wir unseren Kindern, wie konsequent sind wir und wie ist es mit den Strafen?
- Kann man Fernsehen verbieten?
- Medizinisches wie Kinderkrankheiten und Ernährung.

Ich könnte noch mehr aufzählen. Es geht nicht alles auf einmal. Und vergessen Sie bitte nicht die Linkshänder. Wir freuen uns auf eine Fortsetzung.

Eine Frage noch: Einige Themen würden sich wohl auch für ein Plenumsgespräch oder eventuell für Diskussionen in kleinen Gruppen eignen. Was halten Sie davon?

Mit herzlichen Grüssen   A. Weismut

PS. Mir ist noch aufgefallen, dass Sie in den Rückblicken von der *Geraden* und der *Krummen* sprachen. Dabei sind die

Mädchen „krumm" geworden, die Buben blieben „gerade".
Vielleicht sind das nicht die glücklichsten Ausdrücke, auch
wenn sie auf Dr. Steiner zurückgehen. Das soll gewiss keine
Kritik, sondern nur eine Anregung sein. Hoffentlich nehmen
Sie mir das nicht gerade krumm.

Ein zweites Echo

Meine Frau und ich, wir haben uns gefragt, welchen Titel wir Ihrem Elternabend geben würden. Meine Frau sagte, wir haben gehört, wie das Kind sich entwickelt, wo es jetzt im siebten Lebensjahr steht und was jetzt zu tun ist. Also: Das siebte Lebensjahr.

Ich hatte etwas anderes herausgehört. Sie vertrauen auf die unsichtbare Kraft des Wachstums, womit Sie im sichtbaren Bereich Ihrer Schulstube umgehen. Für mich ein Grund, auch Ihnen zu vertrauen, weil ich gesehen habe, dass Sie die Zusammenhänge kennen und anwenden können. Also: Wir vertrauen der Schule.

Nun habe ich noch eine Frage, die ich als Querdenker stelle: Würden Sie auch Vertrauen in die Entwicklungsfähigkeit von uns Eltern aufbringen können? (Unser Körperwachstum ist zwar abgeschlossen, aber es gibt ja auch ein inneres Wachstum ...)

Ich frage deshalb, weil – so lehrreich wir auch Ihren Elternabend fanden – ich trotzdem grosse Lust hätte, eine *Elternarbeit* zu versuchen. Vielleicht steckt viel mehr in uns drin, als wir (Sie?) ahnen.

Wir Eltern wollen uns doch kennenlernen, und bei einer gemeinsamen Arbeit würde das von selbst passieren, eher als bei einem Elternabend, an dem wir eben alle nur zuhören. Auch wenn es etwas ungeordnet zugehen sollte, haben Sie bitte Vertrauen in uns. Ich stehe zu Ihren Diensten für eine eventuelle Vorbereitung eines Elternabends in diesem Sinne.

Ergebenst Ihr   H. Willman

Vierter Rückblick

Als Echo auf unseren Elternabend bekam ich von Frau Weismut eine Zuschrift, die ich dem heutigen Rückblick beigelegt habe. Aus diesen Zeilen spricht die grosse Lebenserfahrung einer Mutter von vier Kindern; das Jüngste ist in unserer Klasse. Gerne greife ich auch die Themenvorschläge für eine nächste Zusammenkunft auf, und ich wäre froh, wenn Sie das Thema ankreuzen würden, das Sie zuerst interessiert, oder auch andere Themen vorschlagen würden. Ein zweites Echo von Herrn Willman liegt ebenfalls bei. Gerne gehe ich auf den Vorschlag ein, den nächsten Abend mit Hilfe der beiden Eltern anders zu gestalten.

Wir begannen unsere neue Epoche. Hat Ihnen Ihr Kind vom Gustine erzählt? Sie ist ein gemütliches, rundes Mädchen, das ein grünes Kleid anhat und einen braunen Sack unter dem Arm hält, aus dem sie dann und wann etwas Gutes herausholt und es sich gleich in den Mund steckt. In dem Sack sind Zwetschgen, Äpfel, Nüsse und noch vieles, vieles mehr. Auf dem Sack sieht man so ein Kreuz: +. Sie hat nämlich den Sack, der an einer Stelle fast zerrissen wäre, mit diesen zwei Stichen und einem Faden geflickt. Sie steckt alles in den Sack, was sonst niemand aufliest. So wird der Sack immer voller und voller, und ihr geht es immer besser und besser. Gustine hat ihren Platz über dem Waschbecken.

Auf der anderen Seite, etwas hinter dem Schrank, sitzt Ernst, der wegen seiner grossen Sorgen beängstigend dünn ist. Er trägt ein dunkelblaues Kleid und hat auch einen Sack, der neben ihm liegt.

Er kann aber nichts aus dem Sack herausholen, weil – nichts drin ist. Das hat ihm den Appetit verschlagen, und nun grübelt und grübelt er, wie das kommt. Dabei müsste er nur die Augen aufmachen. Dann würde er sehen, dass der Sack einen Riss hat, durch den ständig alles herausfällt. So verliert er immer alles und wird immer dünner und noch dünner. Zum Schluss ist er dann nur noch ein Strich, der liegen muss, weil er nicht mehr stehen kann: der Arme!

Auf dem Tisch lag Gustines Sack, auf dem ich mit zwei Stichen ein + genäht hatte, und ein Häuflein Haselnüsse. Die Kinder hatten schnell heraus, dass es sieben Nüsse waren. Weil Gustine alles in Ruhe macht, schoben wir zuerst nur zwei Nüsse in den Sack, dann drei, und dann machten wir eine Pause. Wieviel Nüsse hat sie jetzt schon? Wir rechneten mit den Fingern nach, so dass wir ganz sicher sein konnten, dass es fünf Nüsse waren. Dann legten wir noch die restlichen zwei in den Sack und schnürten ihn zu.

Jetzt holten wir den Sack von Ernst. Wir füllten ihn mit acht schönen „Edelsteinen", aber die purzelten nur so heraus. Zum Schluss waren nur noch zwei Steine in dem Sack, und wir fragten uns jetzt, wie viele Steine er verloren hatte. Tatsächlich fanden wir auf dem Boden, als wir alles aufgehoben hatten, auch sechs Steine. Genausoviel hatten wir auch ausgerechnet.

Vorschau. Dass Gustine bei mir früher einmal in die Schule ging, haben die Kinder gleich erraten. Sie können nicht genug von ihr hören, und ob sie immer nur mit dem Sack hat rechnen können oder auch anders. Dass sie ihre liebste Rechnung, nämlich die Und-Rechnungen, auch ohne Sack machte, will ich in der nächsten Woche zeigen. Und natürlich der Ernst, der kommt immer zu kurz. Auch heute wieder …

Fünfter Rückblick

Rechnen. „So hat die Gustine am allerliebsten gerechnet", sagte ich den Kindern. Auf dem Tisch lag ein schönes, grosses Handtuch. Die Kinder standen darum herum. Nun legte ich eine Handvoll Steine auf das Handtuch. „Wie viele sind es?" Die Kinder zählten sie sofort ab. Alle fanden es richtig heraus. Wir merkten uns gut, dass es fünf Steine waren.

„Passt gut auf", sagte ich zu den Kindern. „Es bleiben natürlich immer fünf Steine, auch wenn ich sie jetzt auf dem Handtuch verteile. Die Gustine, die verliert doch nichts. Hier lege ich einen Stein hin, dort zwei, und in der Mitte lasse ich die beiden liegen. Wenn wir sie zusammenrechnen, müssen es wieder fünf sein. Eins und zwei sind drei und zusammen mit den beiden in der Mitte, ergibt?" Im Chor sagten sie: „Fünf!" Wir schrieben:

$$V = I + II + II$$

und benützten der Gustine ihr Flickenkreuz für die Und-Rechnung.

„Jetzt können wir der Gustine ihr Lieblingsspiel machen", und ich deckte mit dem halben Handtuch die Steine zu. Ein Kind durfte darunterfassen und Steine wegnehmen, ohne dass wir es sehen konnten, wieviel es nimmt. Es hielt sie fest in der Hand verschlossen.

„Ob wir herausfinden können, wieviel Steine in der Hand sind, auch wenn sie zubleibt?" – „Da müssen wir nur schauen, wie viele unter dem Handtuch sind!" Und wir schauten nach. Es lagen noch drei Steine da.

Da fliegen die Hände hoch: „Ich weiss, wieviel in der Hand sind." „Ich auch." „Ich auch."

54

Die römische Fünf lernten wir von der geschlossenen Hand, wenn man den Daumen abspreizt. So schrieben wir:

$$V = III + II$$

und waren mächtig stolz auf unsere ersten schriftlichen Rechnungen, von denen wir ganz genau wussten, dass sie stimmten. Die Gleichheitszeichen schauten wir uns von dem Mund desjenigen ab, der am besten rechnen kann. Sein Mund sagt uns, was es auf der anderen Seite geben muss, damit unsere Waage ins Gleichgewicht kommt. Und wessen Lippen waren fast so schmal wie zwei Striche? Die des Lehrers. „Der kann auch am besten rechnen von uns."

In der Mosterei. Wir waren auf der Apfelwiese von Familie Martin. Dort lagen so viele Äpfel auf dem Boden, dass fünf Körbe voll wurden. Die waren so schwer, das wir sie nicht mehr tragen konnten, und so zogen wir sie abwechslungsweise auf einem Wägelchen in die Mosterei, wo wir zusehen durften, wie gemostet wird. Der ganz frische Saft schmeckte uns besonders gut. Die Kinder malten schöne Bilder, die wir Familie Martin als Dank schenkten.

Spielkameraden. Matthias würde nachmittags so gerne mit anderen Kindern aus seiner Klasse spielen. Das geht aber nicht, weil er so weit weg wohnt, das heisst, es bräuchte eine Verabredung unter Eltern. Wer möchte Matthias einladen?

Vorschau. In der nächsten Woche werden die Ampeln auf der Kreuzung vor unserem Schulhaus ausser Betrieb sein. Ein Polizist wird in den Stosszeiten den Verkehr von Hand regeln. Er wird also vor Schulbeginn und nach Schulschluss auf der Kreuzung stehen.

Ich werde mit den Kindern darüber sprechen und ihnen sagen, dass sie gut auf die Zeichen des Polizisten achten sollen. Es wäre nicht schlecht, wenn Sie nächste Woche die gleiche Aufforderung auch von zu Hause aus noch einmal mit auf den Weg geben würden.

Sechster Rückblick

Rechnen. Diesmal machten wir es umgekehrt: Wir zählten acht Steine ab und legten sie unter das Tuch. Ein Kind griff unter das Tuch, holte zwei Steine heraus und legte sie auf den Tisch. Wie viele Steine sind jetzt noch unter dem Tuch? Die Freude an diesem Spiel wurde noch grösser, als sogar zwei Kinder Steine unter dem Tuch wegnehmen konnten und wir den Rest unter dem Tuch immer noch herausfanden. „Wir brauchen ja nur die Steine in beiden Händen zusammenzuzählen."

Gestern begannen wir mit einer richtigen Untersuchung. Wir wollten herausfinden, was acht alles sein kann. Wir fanden sehr viele verschiedene Rechnungen heraus. Die längste Rechnung war übrigens diese:

$$VIII = I + I + I + I + I + I + I + I$$

„Und Null", triumphierte Markus. Damit ist in unserem Rechenunterricht ein ganz neues Problem aufgetaucht. Wie schreibt man das? Jetzt ist es wohl Zeit, dass wir mit den arabischen Zahlen anfangen.

„Wer erinnert sich noch an die Rechnung mit dem Sack von Ernst?" Ich hatte eigentlich gar keine zutreffende Antwort erwartet, aber das war falsch. Nach einer kurzen Bedenkzeit meldete sich ein sehr stilles Kind, nahm die Kreide und schrieb an die Tafel:

$$II = VIII - VI$$

Damit hatte ich nun wirklich nicht gerechnet. – Es war dasselbe Kind, das mich in der nächsten Pause sorgenvoll fragte, ob Ernst eigentlich noch am Leben sei. Als ich bejahte, lächelte es: „Er hat es nämlich schon übertrieben." Es war übrigens für niemand eine Frage, dass das Minuszeichen von Ernst stammt.

Rechnen ist so recht ein Tummelplatz für unsere gesunde, riesengrosse Neugier. „Zuerst muss man rechnen, und da weiss man es noch gar nicht; aber nachher sieht man auf dem Tisch, dass es stimmt." – Sobald die Steine aufgedeckt sind, bricht jedesmal ein grosser Jubel aus. *Die Gedankenwahrnehmung stimmt,* und das ist ein Fest!

Vorschau. In der nächsten Woche werden wir mit Segelschiffchen rechnen. Segelschiffchen machen wir aus ganz kleinen Papierfetzen, die wir einmal in der Mitte falten. Die grössere Seite ist das Schiff, die kleinere das Segel. Wenn ein Kind bläst, gehen meistens einige Schiffe unter, das heisst, sie sind auf dem (Meeres-) Boden. Wir wollen die zählen, welche auf unserem blauen Handtuch noch auf dem Wasser schwimmen, und die Kinder müssen herausfinden, wie viele Schiffe untergegangen sind. Und das wird dann kontrolliert. Ich hoffe auf günstige Winde und nicht allzu viele Sturmböen.

Läuse. Der Andrang auf unsere Schule ist weiterhin gross. Das macht uns diesmal zwar keine Kopfschmerzen, aber es beeinträchtigt ebenfalls den Kopf, genau gesagt den Teil, wo es besonders warm ist. Das ist hinter den Ohren der Fall. Da juckt es am meisten. Läuse sitzen dort am liebsten. – Nächste Woche wird die Schulärztin mit der Hilfe zweier Mütter unsere Klasse „durchkämmen". Ich wäre froh, wenn Sie zu Hause schon eine Vorkontrolle machten. Die Nissen (Eier der Läuse) sehen genauso aus wie Schuppen, sitzen aber im Unterschied zu den Schuppen ganz fest in den Haaren drin. Im Fall eines Falles gibt es in Apotheken und Drogerien probate Mittel für die Haarwäsche.

Elternabend. Die Mehrheit der Eltern interessierten sich für

- Grenzen
- Konsequenzen
- Strafen.

Der Lehrer soll aber auch etwas aus dem Unterricht erzählen, wurde verschiedentlich angemerkt. Wir treffen uns also am nächsten Freitag zu unserem nächsten Elternabend.

„Liebe Lehrer, liebe Eltern,

ich bin Andrea Weismut, die Mutter von Monika. Das ist unser Jüngstes von vier Kindern, das hier in die Klasse geht, und ich möchte Sie alle ganz herzlich zum heutigen *Eltern*abend begrüssen. Warum das nicht der Klassenlehrer tut, hat den einfachen Grund darin, dass er mich darum gebeten hat und ich mir sagte, dass es eigentlich darauf ankommt, dass auch wir Eltern bei einem *Eltern*abend Initiative entwickeln. So ist es nun dazu gekommen, dass wir zu dritt, der Klassenlehrer, noch ein Schulvater aus unserer Klasse, Herr Willman, und ich, diesen Abend vorbereitet haben, und einen Teil der Vorbereitungen sehen Sie dort hinten im Klassenzimmer in Form eines kleinen Büfetts. Der andere Teil unserer Vorbereitungen steht an der Tafel.

Nach einer Einführung durch den Klassenlehrer wollen wir uns in Gruppen mit ungefähr fünf, sechs Teilnehmern im Schulhaus verteilen, um das Thema ‚Grenzen, Konsequenzen – im Sinne von Massnahmen – und Strafen' zu besprechen. Die Gruppen wollen wir ganz bewusst so klein halten, damit wirklich jede Mutter und jeder Vater zu Wort kommen kann. Wenn Sie aus den Gesprächsgruppen wieder zurückkommen, wird das Büfett für Sie offen sein, und da haben wir dann endlich auch Gelegenheit, uns ganz ungezwungen zu unterhalten. Zum Abschluss des Abends wollen wir uns wieder ins Plenum zusammensetzen, zuerst von jeder Gruppe einen ganz knappen Bericht hören, um dann gemeinsam darüber zu sprechen. Diesen Teil wird Herr Willman leiten.

Nun war in der Elternschaft noch der Wunsch, dass wir auch etwas aus dem Klassengeschehen hören. Das wollen wir an den Anfang stellen. Es hat aber mit dem Thema insofern keinen direkten Zusammenhang, als es diese Fragen, über die wir nachher sprechen und beraten wollen, nicht beantwortet."

„Liebe Eltern, liebe Kollegen,
    ich danke sehr herzlich für die Initiative dieses Abends, den ich einleiten soll und möchte. Und da ist mir das Büchlein von Hans-Peter Langfeldt in die Hände geraten mit dem Titel ‚Mein Kind kommt in die Schule'. Ich dachte, vielleicht passt es, mal sehen, was er schreibt. Und richtig! Da steht auf Seite 116 in dem Kapitel ‚Umgang mit Lehrern': ‚Eigentlich ist es seltsam. Viele Lehrer haben Angst vor den Eltern. Sie fürchten ihre Kritik. Andererseits aber haben viele Eltern Angst vor den Lehrern. Sie fürchten, dass ihr Kind darunter zu leiden hätte, wenn sie den Lehrer kritisieren ...' Wie? Ja, danke! Darf ich der allgemeinen Heiterkeit entnehmen, dass ich die Ratschläge, wie dieses Dilemma zu überwinden sei, nicht mehr vorlesen muss.
    Wir leben ja mit der Frage: Was ist denn eigentlich jetzt anders mit dem Eintritt des Kindes in ein neues Jahrsiebt? Was verändert sich im Kind und was ändert sich dadurch in der Erziehung? Dazu ein kleines Beispiel:
    Es war erst vor etwa zwei Wochen. Da liefen einige Eltern plötzlich während des Unterrichtes mit Tischen und Stühlen aussen an unserem Klassenzimmer vorbei, und zwar an dieser Seite, wo die grossen Fenster zur Schulwiese sind. Was geschah? Erst zwei, dann fünf Kinder, dann fast die ganze Klasse stand – wie die Feuerwehr – am Fenster und schaute hinaus. Das musste man sehen, und zwar vom Fenster aus, obwohl die Eltern gar nicht so klein sind und die Tische auch nicht. Also die Kinder stürzten ans Fenster; so nah wie möglich wollten sie dran sein. Was kann uns das zeigen?

60

Einige kennen es schon, andere vielleicht nicht: Wir gehen ja davon aus, dass das Kind im ersten Jahrsiebt ‚ganz Sinnesorgan' ist. Nun, ich denke, das hat uns der Vorfall eindeutig gezeigt. Aber jetzt muss sich ja etwas ändern."

„Da beginnt doch die Autoritätszeit!"

„Genau! Sie schmunzeln … Und so ist es auch gewesen. Nachdem ich eine kurze Zeit gewartet hatte, schauten erst zwei, dann noch mehr Kinder scheu zu mir und setzten sich. Der Rest folgte. Wir machten mit dem Unterricht weiter. Es war gar nicht nötig, etwas zu sagen.

Also ‚ganz Sinneswesen', so sagt es Rudolf Steiner.[5] Ich möchte jetzt den Akzent ein klein wenig genauer setzen, indem wir noch ein Adjektiv dazunehmen: ‚ganz *unbewusstes* Sinneswesen'. Unbewusst, warum? Der Sehvorgang rutscht ohne Zwischenhalt direkt in die Tätigkeit, und in der Tätigkeit sind wir ja am wenigsten bewusst. Das geschah unbewusst, wie sie da zum Fenster liefen. Aber etwas Bewusstsein bildete sich dann eben doch, als sich nämlich die Kinder nach und nach alle wieder auf ihre Plätze setzten. Das geschah aus der Ruhe, nicht aus der Tätigkeit. Und es geschah ohne meine Aufforderung, ich hatte ja gar nichts gesagt.

Die Sinnesprozesse verliefen bei unseren Kindern bislang unbewusst, das heisst, sie waren mit dem ganzen Körper verbunden, noch nicht abgekoppelt wie bei uns Erwachsenen. Wir brauchen nur hinzusehen, wir müssen nicht auch noch hingehen. Auf unserem Augenhintergrund entsteht ein Bild, das wir ins Bewusstsein aufnehmen können. Wie ist das beim Kinde?

Gerade auf dem Gebiet der Sinneseindrücke vollzieht sich im Kinde jetzt eine wichtige Veränderung. Und worin besteht sie?

Solange die Sinneseindrücke ganz in den Leib hineinrutschten, blieb dem Kind keine andere Wahl, als alles nachzumachen, hinzugehen zu dem Geschehen, alles in den

Mund zu stecken. Die Nachahmung beruht darauf, dass der Sinnesprozess vom Körper noch nicht gelöst ist. Der ganze Körper hängt noch am Auge dran, wenn ich so sagen darf. Man muss hingehen, weil man mit dem *ganzen* Körper sieht. Und mit den anderen Sinnen ist es ebenso. Das Bild auf dem Augenhintergrund nimmt das Vorschulkind gar nicht richtig wahr, ebensowenig wie es die Töne im Ohr hört, es tanzt oder klatscht sie. Statt der Wahrnehmung haben wir das Tätigsein vor uns – und das sollten wir nicht mit einem unruhigen, geschweige denn mit einem ungezogenen Kind verwechseln!

Einen kleinen Rest vom Mitmachen des Sinneseindruckes haben wir auch als Erwachsene noch behalten. Nehmen wir das Auge: Es bewegt sich, es tastet einen Gegenstand ab, indem die Augenlinse akkommodiert. Beobachten wir einen Fussgänger, so bewegen wir ihn in unserem Auge. Und ähnlich ist es mit dem Ohr: Die Gehörknöchelchen tanzen ja zu der Musik in unserem Mittelohr, und noch manches mehr bewegt sich zum Klang, wie zum Beispiel Trommelfell und Gehörwasser. Was wir nur in dem Sinnesorgan bewegen, all das macht das Kind noch mit dem ganzen Körper. – Als ich als Erwachsener die Eurythmieausbildung machte, lernte ich wiederum mit der ganzen Körpergestalt einem Klange, einer Farbe, einem Bild Ausdruck zu geben. Und da erlebte ich etwas Wunderbares: Die Sinne verdichteten sich, die Welt wurde auf einmal unglaublich farbig; im Konzert hörte ich nicht mehr nur das symphonische Gewoge, sondern die einzelnen Stimmen und was sie für Intervalle miteinander bildeten. Ein ganz neues Hören und Sehen entstand da.

Eine gewaltige Botschaft wird über die Sinne an das kleine Kind herangetragen. Wir, als Erwachsene, bilden uns schnell eine Vorstellung. Das genügt aber dem Kinde nicht, denn das Kind lebt nicht in Vorstellungen, die man nicht sein kann und nicht machen kann. Das Kind lebt in Bildern, die sind wirklich, damit kann man leben: sich schütteln wie ein Baum im Wind oder fliegen wie ein Vogel in der Luft. Soll uns das Kind ‚verstehen', so muss unsere Sprache bildhaft sein. Unsere Phantasie kann uns dabei zu einer wichtigen Hilfe werden.

Und nun tritt mit dem siebten Lebensjahr eine wichtige Veränderung ein. Die Sinne lösen sich aus dieser magischen Verkettung mit dem Körper, und damit beginnt etwas Neues. Was ist das? Das ist die Möglichkeit, etwas vage zu ahnen – unabhängig vom Leib. Es ist ein erstes ‚Wahrnehmen'. Der Eindruck rutscht nicht mehr gänzlich in den Leib hinein und ist dann weg, sondern im Seelischen taucht etwas ganz allmählich auf. Zart und fein geschieht diese Ablösung, nach und nach findet sie statt, nicht auf einmal; es geschieht nicht mit allen Sinnen gleichzeitig, sie lösen sich unterschiedlich. Es gibt Sinne, die brauchen viel länger, andere lösen sich leichter von dieser Körpergebundenheit.

Nun sind aber die Kinder in dem vorhin erwähnten Beispiel ganz von alleine wieder auf ihre Plätze zurückgegangen. Warum wohl? Ich glaube, es hatte sich etwas von diesem Seelischen gebildet, das sich bildet, wenn der Sinneseindruck nicht mehr in den Körper hinuntersinkt, sondern sich löst und im Seelischen aufwacht. Darum ist es gut, wenn man eine kurze Zeit warten kann. Rudolf Steiner spricht so häufig von dem nötigen Feingefühl, von dem Takt, als etwas, was gerade in diesem beginnenden Autoritätsalter so sehr wichtig ist. – Ja, was wäre passiert, wenn statt des Wartens sofort eine Schimpfkanonade losgegangen wäre? Das passiert einem ja häufig genug.

Die Sinne lösen sich langsam und allmählich vom Leib. Was brauchen sie jetzt? Sie brauchen uns, unsere Zuwendung, unser Mittun und damit unsere Führung, nach der sich das Kind sehnt.

Ich hoffe, sie haben gesehen, dass es ganz bestimmte, vom Alter vorgegebene *Grenzen* gibt und Grenz*verschiebungen*, die wir kennen und beachten müssen. Mehr möchte ich eigentlich nicht sagen, denn die Einleitung sollte nicht das Thema vorwegnehmen, sondern uns nur die Kinder noch einmal vor Augen rufen in dem Zustand, in dem sie jetzt, in ihrem siebten Lebensjahr, sind.

Es ist gedacht, dass wir jetzt mit der Arbeit *Grenzen, Konsequenzen und Strafen* in den Gruppen beginnen. Es besteht die Bitte, dass zuerst jeder Vater und jede Mutter schildert, welche Grenzen zu Hause gesetzt werden und welche Konsequenzen es gehabt hat, wenn sie nicht eingehalten worden sind. Wurden Strafen ausgesprochen: Worin bestanden sie? Aus den voraussichtlich abweichenden Erziehungspraktiken kann sich das Gruppengespräch entzünden. Die Resultate und die Fragen aus dieser Gesprächsarbeit tragen dann alle Gruppen anschliessend wieder hier im Plenum vor. Es wäre daher gut, wenn in den Gruppen darüber gesprochen wird, wer diese Aufgabe übernehmen möchte. So wollen wir hier nach einer Stunde – zunächst am Büfett – wieder zusammenkommen."

*

„Der rege Meinungsaustausch am Büfett lässt auf einen lebhaften zweiten Teil unseres Abends hoffen. Ich möchte mich aber zunächst vorstellen. Ich bin zu Beginn des heutigen Abends schon erwähnt worden, insofern ich bei der Vorbereitung des Elternabends geholfen habe. Ich heisse Heiner Willman. Auch ich bin der Auffassung, dass wir nicht immer nur die Initiative von den Lehrern fordern sollen, sondern eben auch selber etwas tun können. Ich werde darum das Plenum leiten und habe aus diesem Grunde die Tafel schon in fünf Felder eingeteilt, wo ich ein paar Stichworte machen möchte, wenn aus den fünf Gruppen berichtet wird. Wer möchte anfangen?"

*

64

„Wir haben uns zunächst nicht an die Spielregel gehalten, weil wir unbedingt zuerst über das, was der Lehrer erzählt hatte, reden wollten. Der Gedanke, dass sich jetzt die Sinne vom Leib lösen, an dem sie so innig verbunden gewesen sind, hat uns irgendwie fasziniert. In diesem Zusammenhang stellten wir fest, dass diese Ablösung schon beim Kindergarteneintritt einen allerersten, zarten Anfang macht.

Ein Vater warf dann die Frage auf, wie das bei seinem Schäferhund sei. Wenn er ihn ohne Leine ausführe und der Hund eine Katze wittere, würde er auch am liebsten wie die Feuerwehr abgehen. Wenn er es ihm aber rechtzeitig verbiete, und zwar nur durch den Befehl ‚Bleib‘, würde der Hund zwar die Ohren stellen und das Fell sträuben, aber nicht wegrennen. Die Frage war, ob der Vater durch seinen Befehl den Sinneseindruck Katze auch vom Hundeleib gelöst habe, weil der Hund nun nicht seinem Jagdtrieb gefolgt war. Und damit verbunden war dann die Frage nach dem Unterschied von Dressur und Erziehung.

Wir liessen diese Frage aber so stehen, weil wir uns doch an die ‚Spielregeln‘ halten wollten. Jeder äusserte sich reihum, und zwar mit dem Grundtenor, dass Grenzen wichtig sind und Konsequenzen auch. Uneinig wurden wir uns zum ersten Mal bei der Strafe. Aber bevor ich das ausführe, möchte ich noch eine Feststellung machen: Mir ist aufgefallen, dass nur bei dem Gespräch reihum sich wirklich alle äusserten, während vorher, als wir die ‚Spielregel‘ ausser kraft gesetzt hatten, das nicht der Fall war.

Beim Thema Strafe gab es unterschiedliche Auffassungen. Das ging von ‚unnötig‘ bis zur ‚Körperstrafe‘, obwohl dieses Wort nicht ganz zutrifft: Es war von einem Klaps die Rede. Aber dann hiess es auch wieder, dass eine Ohrfeige im richtigen Moment noch niemand geschadet habe. Über dieses Thema hätten wir wahrscheinlich noch sehr lange geredet, wenn die Zeit nicht vorbei gewesen wäre. Das Thema Strafe ist also bei uns eine offene Frage geblieben.“

*

„Bei uns ging es ebenfalls um die Frage, ob wir die Spielregeln einhalten wollten oder nicht. Die Mehrheit war für die Einhaltung, und ich möchte auch noch einflechten, dass unsere Gruppe die einzige war, in der es keinen Mann gab.

Wir waren uns alle einig, dass es Grenzen braucht, aber wir wissen oft nicht, wie wir diese Grenzen durchsetzen können, vor allem dann, wenn die Konsequenzen nicht befolgt werden und auch die Strafen nichts nützen. Was dann? Wir besprachen sehr viele solche verschiedenartigen Situationen.

Vielleicht ein Beispiel für viele: Was tun wir, wenn der Tisch gedeckt ist, die Suppe geschöpft, aber unser Kind keinen Hunger hat? Es mag nicht essen. Wir versuchten, diese Situation zu analysieren, das heisst, wir versuchten, alle möglichen Gründe dafür zu ersinnen, warum das Kind keinen Hunger hat. Ist es krank? Ist ihm etwas auf den Magen geschlagen? War etwas in der Schule? Hat es vorher sehr viel Süssigkeiten genascht? Ist es bockig? Will es uns ärgern? Oder liegt der Grund irgendwo in uns selbst verborgen, und so weiter? Dabei wurde uns immer klarer, dass wir bei der Mehrzahl der Gründe, die wir in Betracht gezogen hatten, gar nichts ändern können und darum auch die Konsequenzen und Strafen wirkungslos bleiben, weil sie aufgesetzt sind.

Obwohl wir uns an die Spielregeln gehalten haben, sind wir mit der Aufgabenstellung in der vorgegebenen Zeit nicht fertig geworden."

*

„Wir hatten keine Mühe, die Spielregeln einzuhalten, und unsere Gruppe bestand aus drei Vätern und drei Müttern.

66

Weil wir uns gleich alle einig waren, dass es nicht ohne Grenzen und Konsequenzen geht, überlegten wir dann noch, was es für das Kind eigentlich bedeutet, dass wir ihm Grenzen setzen. Und diese Frage konnten wir zu unserer eigenen Überraschung nicht schlüssig beantworten.

Unter den Erwachsenen ist es ja so, dass gerade die klaren Rahmenbedingungen erst die Freiräume öffnen. Wir fragten uns, ob das bei den Kindern auch so ist. Und ist es wirklich so, dass die Grenzen, die ich dem Kinde setze, sich später in seine Freiheit verwandeln? Da wurden wir uns nicht einig.

Wir sprachen über festgeprägte äussere Verhaltensmuster – ohne die es aber auch nicht geht – und betrachteten auf der anderen Seite die Zielvorstellung der inneren Freiheit, zum Beispiel das Freisein von Instinkten, Trieben, Begierden, von Süchten. Wir konnten nicht herausfinden, wie man durch äussere Einschränkungen eine innere Qualität heranbilden kann. Also unsere Frage ist, was in der Erziehung eigentlich geschehen muss, damit ein innerliches Freiwerden erreicht werden kann. Diese Frage ist uns im Hinblick auf die Drogen sehr wichtig."

*

„In unserer Gruppe fanden wir heraus, dass die Buben viel grössere Schwierigkeiten haben als die Mädchen, Grenzen zu akzeptieren und vor allem einzuhalten. Schuhe, Mäntel, Pyjama, Waschzeug ist bei ihnen meistens nicht aufgeräumt, bei den Mädchen aber viel eher. Warum ist das so? Wir fragten uns, ob sich darin die Rollenverteilung von Vater und Mutter spiegelt, insofern es ja im überholten, alten Familienverständnis so ist, dass wir Mütter das Haus aufzuräumen haben und die Väter ausser Hause dem Broterwerb nachgehen. Müssen wir uns nicht zuallererst die Frage stellen, wie wir in unserer Familie die Grenzen ziehen?

Die weitere Frage, mit der wir uns beschäftigten, war der Ablöseprozess der Sinne vom Körper. Verläuft das bei

Buben und Mädchen verschieden? Welche Sinne lösen sich früher, welche später? Ein Thema für einen weiteren Elternabend wäre wohl: ‚Die zwölf Sinne und ihre Einteilung in Tag-, Dämmerungs- und Nachtsinne'.

Es wurde uns klar, dass die Sinnestätigkeit, die jetzt frei wird, auch angesprochen werden muss. Wohin gehen die seelischen Bilder, wenn sie im Unterricht *nicht* durch die Märchen und anderes aufgegriffen und dem Kinde zu eigen gegeben werden? – So sehr die *Überforderung* eines Kindes falsch ist, was wir alle wissen, ist es doch mit der *Unterforderung* genauso. Müssen wir nicht immer nach *zwei* Seiten aufpassen?"

*

„Wir haben uns überlegt: Die Kinder sind wieder still auf ihre Plätze zurückgegangen, weil der Klassenlehrer eine Respektsperson ist, die gar nichts zu sagen braucht. Aus dem Beispiel ging ja auch hervor, dass der Bewegung die Ruhe folgte. Diese Ruhe ist vielleicht die Voraussetzung dafür, dass sich dieser Ablöseprozess überhaupt richtig vollziehen kann. Ständige Schimpfereien wie zum Beispiel: ‚Setzt euch! Was fällt euch ein!' würde dieses feine Seelische, was sich jetzt bilden will, vom Leib losreissen. Eine Mutter sagte, wenn ihr so eine Schimpferei passiere, empfinde sie das jedesmal so, als ob sie im Garten eine Blüte abgerissen habe. Wir sprachen über das Schimpfen und welche Folgen es für die Kinder hat. Jemand brachte in diesem Zusammenhang das Beispiel von Einkerbungen in der Baumrinde. So wie sich diese hineinverwachsen in den Stamm, so würden auch unsere Erziehungsmassnahmen, die guten wie die schlechten, im Kinde mitwachsen.

Im Gegensatz zum Bericht aus der ersten Gruppe waren wir uns einig, dass die Körperstrafe ausgedient hat. Eine Mutter brachte ein Beispiel. Sie hatte bei ihrem Sohn beobachtet, dass er immer vor Ausbruch einer Kinderkrankheit unausstehlich wurde. Einmal hätte sie ihn am liebsten geohrfeigt, was sie aber doch zum Glück instinktiv unterliess. Am anderen Tag hatte ihr Kind hohes Fieber und Windpocken. Sie habe daraus gelernt, dass nicht sie, sondern die Kinderkrankheiten eigentlich dazu da sind, den Körper zu ‚züchtigen und zu reinigen', wie sie sagte. Nach der Krankheit habe sie ein ganz anderes Kind gehabt als vorher. Und diese positive Veränderung durch die Kinderkrankheiten konnten in unserer Gruppe alle bestätigen. Eine Mutter, die den Vergleich mit mehreren Kindern in ihrer Familie hat, meinte, dass die Kinder nach diesen Krankheiten erst richtig aufblühen würden.

Dann besprachen wir noch Grenzen und Konsequenzen am Beispiel einer zerschlagenen Fensterscheibe. Die Konsequenz besteht darin, dass das Kind bei allen Arbeiten dabei ist und mithilft, bis die Scheibe wieder eingesetzt ist. So lange kann es zum Beispiel nicht zum Spielen gehen. Das kann für uns sehr anstrengend sein, aber Erziehung ist eben anstrengend. Ausserdem fanden wir, dass wir dem mehr Passiven des Grenzverlaufes noch ein aktives Element dazugesellen müssen, und das sind die Ämtchen: abwaschen, den Tisch decken, bestimmte Aufgaben beim Putzen und so weiter. Aus der Pflege solcher Gewohnheiten wächst etwas heraus, was das Kind auch nach innen bildet, vor allem dann, wenn es seine Ritualien mit der Zeit gerne hat und auch gerne ausführt. Oft ist es nötig, dass wir es mit ihm zusammen machen, bis es die richtige Freude daran entwickelt und die Ämtchen dann auch selbständig ausführen kann und will. Auch das braucht viel Einsatz."

*

„Es sind in diesen Berichten viele Fragen aufgeworfen und wichtige Aussagen gemacht worden. Ich habe versucht, die wichtigsten herauszugreifen:

- Ein Hund folgt aufs Wort.
- Ein Kind folgt unserem Wort.
- Wo liegt der Unterschied?

- Strafen oder gar nicht strafen?
- Hat die Körperstrafe einen Sinn?

- Konsequenzen und Strafen helfen nichts.
- Was soll ich tun, wie kann ich mein Kind doch erreichen?

- Was sind die Voraussetzungen dafür, dass äussere Massnahmen eine innere Nachwirkung haben?

- Mädchen folgen eher, Buben weniger. Ist das ein Spiegeleffekt der Rollenverteilung Mutter–Vater?

- In welcher Reihenfolge lösen sich die Sinne von ihrer Leibgebundenheit?

- Zwei Seiten derselben Medaille: Überforderung – Unterforderung.

- Wie bildet man den Sinneseindruck?

- Kinderkrankheiten als Hilfe.

- Ämter bestimmen und einüben.

Nun haben wir eine grosse Auswahl an Themen. Wer möchte etwas davon ansprechen? Das Wort ist frei."

„Mir ist heute abend klargeworden, dass ich ein ganz einseitiges und nicht reflektiertes Verhältnis zum Autoritätsbegriff habe. Autorität heisst für mich von jetzt an vor allem: Bescheid wissen, was im Kinde vor sich geht. Das ist Bewusstsein, und das Kind spürt das, glaube ich. Aber ich finde es auch sehr schwer, wirklich herauszufinden, wo die Ursachen so mancher Schwierigkeiten liegen. Das ist wichtig, dass wir dieses Bewusstsein wirklich bilden und – bilden können."

70

„Mir ist heute abend auch aufgefallen, wie schwer es eigentlich ist, Autorität zu sein. Gerade am Hundebeispiel wurde mir das klar. Es sind Nuancen in unserem Tonfall, die entscheiden, ob ich erziehe oder dressiere."

„Wenn wir ein Kind erreichen wollen, so geht das im jetzigen Alter doch nur über das Gefühl. Wenn wir es nicht erreichen, so glaube ich, liegt das an unserer – Gefühlslosigkeit will ich nicht sagen –, es liegt vielleicht an unserer Gefühlswelt, die wir als Erwachsene haben. Die ist schon so geformt. Es gibt keine Träne, höchstens ein Lächeln noch. Wir müssen lernen, unsere Gefühle den Kindern gegenüber auszudrücken.

Kinder, wenn sie etwas angestellt haben, haben dann am Abend ein schlechtes Gewissen, wenn sie ins Bett gehen. Julia hatte ihren kleinen Bruder arg misshandelt. Ich sass am Bettrand bei ihr und sagte: ‚Julia, du bist *mein* Kind und du bist es nicht – mit dem, was heute passiert ist. Ich bin so unglücklich.‘

Ich hatte das wirklich ehrlich so erlebt und es so zu Julia auch gesagt. Da fiel sie mir um den Hals und schluchzte bitterlich. Dann hab ich sie getröstet, und sie war wieder *mein* Kind. Ich glaube, diese Gefühle müssen wir zulassen, die sind richtig. Wir brauchen gar nicht so gescheit sein."

„Das eben Gesagte möchte ich aus ganzem Herzen unterstützen, und doch ist mir auch klar, dass ich heute nicht mehr die Mutter bin, wie es vielleicht einmal meine Urgrossmutter gewesen ist in einer Zeit, die in sich keine Hektik hatte, aber damit auch viel weniger Bewusstsein erforderte. Ich will schon so gut wie möglich auch *verstehen*, um was es in der Erziehung geht. Zum Beispiel dieser Ablöseprozess, von dem wir gesprochen haben, beschäftigt mich schon sehr und öffnet mir auch die Augen für vieles."

„Bewusstsein und Gefühlswärme schliessen ja einander nicht aus. Worauf wir aber achten sollten, und das ist mir heute klargeworden, das ist, dass es Gefühle gibt, die in der Erziehung keinen Platz haben, wenngleich ich zugeben muss, dass sie einen häufig überfallen, Gefühle wie zum Beispiel Wut, Sorge, Misstrauen und dergleichen mehr. Das verbildet die Kinder einfach. Vielleicht sind wir so, weil wir selber falsch erzogen wurden. Aber Freude und Spass, auch Schmerz, Tränen und Trauer – natürlich in Massen –, die finde ich gut."

„Kinder brauchen die Väter, nicht nur uns Mütter. Warum sind wir Frauen heute abend wieder in der Überzahl? Das finde ich nicht richtig."

„Ich kann heute abend nicht heimgehen, ohne zu der Körperstrafe noch etwas gesagt zu haben. Es kommt vor, dass einem die Hand mal ausrutscht. Aber dieses Wort, dass keinem eine Ohrfeige im richtigen Moment geschadet hat, kann ich nicht mehr hören. Alles, auch das, was wir mit Gewalt ‚lösen', ist für das Kind Vorbild. Diese Botschaft nimmt es nämlich nach der Ohrfeige mit: Schwierigkeiten, über die spricht man nicht, da schlägt man zu."

„Ich glaube, dass äussere Massnahmen nur dann eine innere Nachwirkung haben, wenn wir sie innerlich begleiten. Überhaupt scheint mir alles von dieser inneren Einstellung abhängig. Sie muss ehrlich im Gefühl sein, und doch müssen wir auch Bescheid wissen. Zum Beispiel müssen wir unseren Kindern im jetzigen Alter einfach Zeit geben, wenn sie da zum Beispiel so ans Fenster stürzen. Das sagt mir das Herz, aber es ist doch noch etwas anderes, wenn ich auch weiss, warum das so ist. Ich kann dann doch viel genauer auf das Kind eingehen, weil ich es auch noch verstehe. Das wahre Erziehungsmittel ist liebevolles Bewusstsein. Das genügt schon. Und dabei sinnen wir über diese und jene Massnahme, die wir über das arme Kind verhängen wollen. Nein, statt zu strafen, erreiche ich viel mehr, wenn ich meinen Herbert dazu gebracht habe, dass er seine abwegige Handlung einsieht. Eine Strafe nimmt dieses oft mühsam errungene Gefühl wieder weg."

„Es hat mich heute abend sehr beschäftigt, dass Sinne am Leibe verhaftet sein können oder sich vom Leib lösen, wie es jetzt am Beginn des Schulalters geschieht. Da kann man sich doch fragen, ob das nicht ein Wachstumsprinzip ist, das man sogar schon im Pflanzenreich findet. Schauen wir nur auf die Blumen, so sehen wir doch ein einheitliches Streben zur Blüte, die aber, vom Stengel getragen, von der Erde, ihrem Leib, wegstrebt. Ja, sie möchte sich eigentlich sogar ganz lösen, möchte als fliegende Blüte wie ein Schmetterling sein. Die Pflanze kann sich aber nicht lösen, ihr Sinnesorgan Blüte ist zurückgebunden in die Reproduktion.

Und hier scheint mir beim menschlichen Sinnesprozess im Vergleich zur Blüte einmal mehr anschaubar, um was für einen Erziehungsprozess es sich handelt. Gelingt es, die Sinne so vom Leib zu lösen, dass die volle Fruchtbarkeit erhalten bleibt? Was ist der Sinn der Sinne? Vielleicht könnte man ihn darin finden, dass man die naturnotwendige Fruchtbarkeit der Blüte im Menschen sucht, und zwar dort, wo eine Verwandlung in die freie schöpferische Sinnestätigkeit im künstlerischen Schaffensprozess stattfindet."

„Ich möchte versuchen, in diesem Zusammenhang die dramatische Seite anzuschliessen. Wir sehen, besonders im Frühling, wie da und dort ein Gewächs durch den Asphalt bricht, also mit einer erstaunlichen Kraft, allem Widerstand zum Trotz, kraftvoll emporstrebt. Wenn nun die imaginativen Bildkeime, die in unseren Kindern schlummern, mit Intellektualismen zugedeckt werden, dann ballt sich unter dieser Decke eine unglaubliche Kraft; diese Keime wollen ja herausgelöst werden durch den bildhaften Unterricht, durch die Märchen. Geschieht das aber nicht, dann kann diese Kraft später völlig unverhofft zügellos aufbrechen und vieles zerstören."

„Ich möchte noch etwas zu dem Abend sagen. Es hat mir gut gefallen, dass wir so viel miteinander geredet haben. Das ist das eine. Zum anderen möchte ich sagen, dass ich jetzt viel mehr Fragen über Kindererziehung habe als vor dem Abend. Das sehe ich aber nicht als etwas Negatives an, im Gegenteil. Ich bin jetzt viel wacher, möchte diese Nuancen besser beobachten, und ich finde, dass Erziehen eigentlich eine Herausforderung ist, die mir unglaublich Spass machen kann. Darum möchte ich dem Vorbereitungsteam danken."

„Ich möchte mich dem anschliessen. Ich fühle mich auch irgendwie aktiviert, habe aber doch noch Fragen, die mich so beschäftigen, dass ich nicht gerne ohne Antwort heimgehen möchte. Ganz zentral plagt mich diese eine Frage: Wie *bildet* man den Sinneseindruck? Wir haben so vieles darüber gehört, und doch weiss ich es nicht. Gibt es ein einfaches Beispiel? Der Klassenlehrer hat ja mit einem ganz einfachen Beispiel begonnen …"

„… und ist auch bereit, mit einem einfachen Beispiel den Abend zu beschliessen. – Ja, wie *bildet* man den Sinneseindruck? Das Kind bildet ihn ja von alleine, und doch kommt es auf die Anregungen von aussen an. Die Art, wie er sich bildet, kann ich allerdings beeinflussen. Zum Beispiel können wir durch die Sprache Sinneseindrücke bilden. Aber Sie wollten ja ein konkretes Beispiel. Also:
Es stand wieder ein Kind am Fenster. Und diesmal war es wirklich nur *ein* Kind, ein Bub. Er stand da so still, dass ich

ihn selber lange nicht bemerkt hatte. Bis er leise noch ein Kind rief und dann noch eins. Draussen war ein Specht am Werk. Den hatte er gesehen. Jetzt merkte ich es auch. Ich forderte die Kinder auf, ebenso leise, wie es die drei Buben getan hatten, ans Fenster zu kommen. Der Specht hüpfte zuerst hinter den Stamm, kam aber noch einmal nach vorne, um zu klopfen, und dann flog er weg.

Die Kinder hatten nun ganz exakte Beobachtungen gemacht. Sie hatten gesehen, dass der Specht sich mit den Schwanzfedern abgestützt hatte, dass er ein Käppchen aufhatte und dass der Schnabel sehr hart gewesen sein müsse. Warum er klopfe und was er suche, wollten sie wissen. Wir besprachen das alles. – Das waren keine Vorschulkinder mehr. Sie hatten tatsächlich beobachtet. Diesmal musste man bis zum Fenster gehen, von den Plätzen aus hätten es nicht alle sehen können.

So, wie sich die Sinneseindrücke umgestalten, also im Seelischen wahrgenommen werden, so gestaltet sich in diesem Alter auch die Sprache um, wenn der Wille in sie hineinschiesst. Und dadurch kann das Kind sogar Bilder erzeugen, nicht nur wahrnehmen. Also es kann den Sinneseindruck gestalten. Das Schöne dabei ist, dass die Kinder das gerne tun und dabei so richtig zu sich kommen und aufwachen.

Wir malten Bilder vom Specht, und am nächsten Tag lernten wir das schöne Gedicht von Marguerite Lobeck:[6]

Pick, pick, horch, ich poch'
hack, hack mir ein Loch,
pick, pick durch die Rinde,
pick pick und ich finde
den Dicken, den Schläfer,
den fettesten Käfer!

Aus Buche und Kiefer,
poch, poch, Ungeziefer
zu finden, das weiss ich,
drum klopf ich so fleissig
poch, poch, mit Geschick
stets im Takte: Pick, pick!

‚So wie der Specht an den Baum klopft, so dürft ihr jetzt mit dem Zeigefinger auf die Tischplatte klopfen.

Aber hört gut zu! Der Specht klopft nicht bei jedem Wort.'
Sie klopften mit dem Zeigefinger ganz vorsichtig auf den
Tisch,

Pick, pick, horch, ich poch'.

Die meisten Kinder klopften im Rhythmus, aber nicht alle.
,Bei welchen Wörtern klopft der Specht, bei welchen nicht?
Hört gut zu, ich sage es noch einmal.' Die Kinder hörten jetzt
genauer als beim ersten Mal. Es klopfte nur noch ein Teil
der Klasse im Rhythmus, der Rest klopfte nur noch bei den
Stosslauten.
,Bei *pick* klopft er.' – ,Und bei *poch*.' – ,Bei *horch* klopft er
nicht.' – ,Bei noch einem Wort klopft er nicht. Ich glaube, es
ist *ich*, wo er nicht klopft.' – Wir übten nun Zeile um Zeile mit
dem klopfenden Zeigefinger. Erst danach durften die Kinder das Gedicht sagen.
,Ja, aber mit was klopfen wir denn jetzt?' Wir hatten
den Zeigefinger beim Rezitieren nicht mehr benutzt. ,Wir
haben ja nicht wie der Specht so einen scharfen Schnabel.
Wir haben keinen Meissel.' Die Kinder antworteten: ,Wir
machen es mit dem PPP und dem KKK! – Und dem TTT.'
Und sie sagten das Gedicht so deutlich und kräftig, dass
man die Holzstückchen fliegen sah."

*

„Ich glaube, wir haben die Holzstückchen auch gesehen,
und vor allem die unglaubliche Bildhaftigkeit wahrgenommen, ganz besonders beim Rezitieren des Gedichtes und
der wenigen Zeilen, die als Beispiel dienten. Man muss es
gehört haben, um das zu sehen. Das ist eine wunderbare
Welt, in die unsere Kinder da eintauchen können. Das muss
ein Schmaus für den Bildhunger der Kinder sein!"
„Lassen Sie mich den Abend schliessen. Es wurde vorhin
schon einmal gesagt, dass mehr Fragen aufgeworfen als be-

antwortet wurden. Auch ich sehe darin das wichtigste Ergebnis des Abends. Wenn eine wirkliche Frage in mir lebt, senkt sie sich wie ein Stein auf den Grund und rührt auch den Grund auf. Sie bringt in mir vieles in Bewegung, was ich nach und nach als abwegig, wenn nicht sogar als falsch erkenne. Dagegen hat alles das, was ich weiss, die Tendenz, an der Oberfläche zu bleiben; es schwimmt auf dem Wasser. Was ich in mir selber gefunden habe, das ist mir neu. Auch was die anderen Eltern sagten – ob ich dem zustimmen kann oder nicht, spielt dabei keine Rolle –, ich konnte es ebenso tief in mir aufnehmen.

Darum möchte ich vorschlagen, dass wir die künftige Arbeit wieder in dieser Weise gestalten, wie wir es heute abend versucht haben, vorausgesetzt, dass es Ihre Zustimmung findet, was ich Ihrer lebhaften Reaktion aber durchaus entnehmen darf. Zunächst schlage ich vor, dass wir wieder Themen sammeln, um dann das Thema herauszugreifen, wo das grösste Interesse liegt. – Themen, die auf weniger Interesse stossen, weil sie vielleicht zu fachspezifisch sind, könnten mit Hilfe weiterführender Literatur unter den Interessenten selbst weiter bearbeitet werden, und der Ertrag ihrer Arbeit wäre in der ganzen Elternschaft sicher willkommen. Dem Hauptstrom ist das Wasser seiner Nebenflüsse willkommen.

Abschliessend danke ich allen für ihr Engagement; ich stelle mit einer gewissen Genugtuung fest, dass wir bei unserem heutigen Arbeitsthema ‚Grenzen – Konsequenzen – Strafen‘ eigentlich gar keine Grenzen gezogen haben. Ich meine, es sei gelungen, dass wir uns für das Thema öffnen konnten."

Ein doppeltes Echo

„Nach dem Elternabend übten meine Frau und ich noch zu Hause das schöne Spechtgedicht, und wir hatten den grössten Spass dabei. Wir machten dieselben Fehler wie die Erstklässler und klopften zuerst im Rhythmus, bis wir es endlich konnten und nur die Stosslaute klopften. Und siehe da: Unsere Aussprache wurde – wohl durch die Fingerübung – gewaltig verändert. Es machte richtig Spass, mit den Stosslauten zu klopfen.

Aber das ist nicht der Grund, warum wir schreiben. Auch nicht, dass wir uns beide am nächsten Morgen sagen mussten, dass wir es uns nicht richtig klargemacht hatten, was für eine gesundende Wirkung es hat, einen Sinnesprozess willentlich nachzuformen. Nicht weil wir uns nach unserem kleinen Experiment so viel klarer, bewusster und erfrischter fühlten. Es inkarniert tatsächlich! Vielmehr stiessen wir auf ein grosses Problem.

Wir hatten beide erlebt, dass die *Bildung* der Laute und Worte den entscheidenden Effekt auf uns gehabt hatte, nicht was wir schliesslich hörten, sondern was wir für die *Bildung* getan hatten, bis man es hörte, bis wir die Sprache richtig gestalteten. Da wurden wir plötzlich auf ein Problem aufmerksam: das Problem *Bilde*schirm.

Das Fernsehbild ist nicht das Schlimme, nein, es ist der *Bildeprozess des Fernsehbildes*. Diesen ganzen technischen Prozess nehmen wir auf, ohne es im geringsten zu merken. Das wirkt aber, und darum haben wir ja die müden Augen. Der technische Vorgang, durch den das Bild entsteht, der wirkt auf unsere Sinnesorganisation und verbildet sie; ihn nehmen wir nicht wahr, wir sehen nur das Bild.

Darin besteht die Täuschung: Das Bild zeigt sich dem Bewusstsein und spiegelt uns eine Realität vor, in unserem Unbewussten läuft aber etwas ab, was unsere Sinne bildet und ver-bildet. Nicht zu unrecht wird das Fernsehen eine Droge genannt, greift es doch direkt in unser Unbewusstes, in unseren Willen ein.

Wir wissen durch die Konfrontation mit dem Fernsehen den Wert dessen noch mehr zu schätzen, was in der Waldorf-pädagogik gerade dadurch entsteht, dass Sinneseindrücke nicht flach liegenbleiben, sondern, willentlich aufgerufen – durch Sprechen, Malen, Zeichnen, Eurythmisieren, Musizieren –, eine ichhafte Gestalt erhalten. Das sind ja unschätzbare Werte, die in der Seele herangebildet werden und den Willensmenschen aufbauen, und zwar von Grund auf. Aber wie gehen wir mit dem Fernsehen um? Es scheint wenig sinnvoll, Fernsehen zu verbieten. Man kann es für eine gewisse Zeit tun. Aber wächst dadurch nicht der Anreiz um so mehr? Alles, was im Märchen verboten wird, geschieht. Die verbotene Tür wird geöffnet, ja, vom verbotenen Baum wurde gegessen. Daher unser Themenvorschlag:

Wie kann man die Kinder vor dem Fernsehen bewahren, ohne es zu verbieten? (Eine Grenzsetzung, die nicht von vornherein zur Grenzüberschreitung herausfordert …)"

*

Eine ähnliche Beobachtung von einem anderen Elternpaar:

„‚Du schimpfst weniger', stellte meine Frau fest, und dasselbe konnte ich auch von ihr sagen. Wir versuchten, der Sache nachzugehen, und – kamen zum Elternabend.

Nach dem Elternabend stand uns nämlich klar vor Augen, wie *unwesentlich die Inhalte* und wie *wichtig die Bildeprozesse* sind, die den Inhalt zusammenfügen. Die Bildeprozesse sind das, was wirkt, und *wirken* steckt in dem Worte *Wirklichkeit*.

80

Beim richtigen Schimpfen ist man ja von der Sache – und vor allem von sich – so überzeugt, dass man das Wesentliche gar nicht mehr sieht: sich selbst nämlich (als Wirkendes)!

Aber das Verblüffende dieser unserer ‚Selbsterkenntnisse‘ ist, dass es seither nicht nur unserem Sohn besser geht, sondern auch uns. Das sind unsere Konsequenzen zu dem Thema Konsequenzen (und Strafe)!"

Siebter Rückblick

In unserer Klasse waren die Heinzelmännchen am Werk. In der Garderobe stehen die Hausschuhe paarweise zusammen, das Blumengiessen wird von der ganzen Klasse verfolgt, ob es auch von dem, der das Ämtchen hat, ausgeführt worden ist, und auf dem Boden suche ich neuerdings fast vergeblich nach Farbkreiden, Bleistiften und Papieren. Dabei hatte ich gar nichts zu den Kindern gesagt.

Heute kamen nach der Pause zwei Buben zu mir und fragten, ob man die Spielregeln beim Schussern noch ändern dürfe, wenn das Spiel mit den Glaskugeln schon begonnen habe. Wir untersuchten den Fall ziemlich genau. Die ganze Klasse kam dann zu der Anschauung: Das geht nicht. *Man muss die Regeln einhalten.* Das geschah am Dienstag, dem zweiten Schultag nach unserem Elternabend …

Trotz der klaren Reglementierung kam es gestern zu einem erneuten Streit zwischen zwei Buben. Jeder behauptete vom anderen, dass er die Regeln nachträglich verändert habe. Die beiden Streithähne standen sich unversöhnlich gegenüber. Ich fragte die beiden, ob sie bereit seien, den Meinungsunterschied in einem leeren Nebenzimmer miteinander zu besprechen, ohne zu kämpfen. Sie willigten ein, und ich hörte bei halboffener Tür eine heftige Debatte, die von einer ziemlichen Wortgewalt unserer Erstklässler zeugte. Etwa nach zehn Minuten kehrten sie ganz zufrieden ins Klassenzimmer zurück.

„Was habt ihr herausgefunden? Wer hat recht?" fragte ich sie. „Wir haben etwas anderes herausgefunden", sagten sie. „Wir sind uns einig, dass das alte Spiel ungültig ist. In der nächsten Pause machen wir ein neues Spiel, und das gilt dann." Das war die erste Problemlösung unter Kindern.

In der Klasse haben wir jetzt eine neue Abmachung getroffen. Wenn ein schwieriges Problem ansteht, das die Kinder alleine nicht lösen können, gehen die Betreffenden zum Klassenlehrer. Wir wollen mit dieser Regelung vermeiden, dass nur der Stärkere immer „recht" hat. Es ist erstaunlich und fast ein wenig unverständlich, wie viel Sinn die Kinder schon jetzt für das soziale Gefüge entwickelt haben. Worte wie Grenzen, Regeln und Faustrecht sind allgemeinverständlich und werden von den Kindern selber verwendet. Woher kommt diese Spracherweiterung?

Es ist mir klargeworden, dass so etwas wie Klassendisziplin, was ein sozialer Prozess ist, *den sozialen Prozess unter den Erziehenden voraussetzt.*

Vorschau. In der nächsten Woche fange ich damit an, dass jedes Kind nach und nach ein Bild und einen kleinen Spruch dazu bekommt. Bild und Vers sollen dem Kinde helfen, dem Guten einer charakteristischen Eigenschaft, die es hat, zum Durchbruch zu verhelfen. Sicher wird dieses Unternehmen nicht nur ins Schwarze treffen. Ich bin daher für Ihre Rückmeldungen sehr dankbar.

Pro memoria: Haben Sie schon ein Thema für den nächsten Elternabend?

Achter Rückblick

Rechnen. Erinnern Sie sich noch an Gustine und Ernst? Gustine war die Gemütliche, die Rundliche und Zufriedene mit dem Kreuzlein auf dem Sack: **+**. Von ihr, die eins zum andern legte, lernten wir die Addition. Der dünne, sorgenbeladene Grübler war ihr Bruder, der Ernst, mit dem Riss im Sack: **—**. Von ihm, der immer weniger hatte, weil er alles verlor, lernten wir die Subtraktion. Ich hatte den Kindern erzählt, dass es aber vier Geschwister waren, die zusammen die vier Rechenkinder sind. Nun waren sie riesig gespannt, als ich ihnen den roten Karl, den Teiler, mitbrachte, der zwei goldene Knöpfe auf der Brust hatte, einen oben, einen darunter: „Was ist das für einer?"

Die Kinder kamen nach vorne, um sein viereckiges Gesicht, seine kurzen Stehhaare, seine schmalen Lippen und seine funkelnden Augen genauer zu sehen, als er auf meiner Hand plötzlich zu kommandieren anfing: „Alle Kinder müssen in eine Zweierreihe einstehen! Die eine Reihe geht zum Fenster, die andere zur Wand!" Alle 28 Kinder folgten ihm aufs Wort, 14 standen am Fenster, 14 an der gegenüberliegenden Wand. „Das ist recht so!" freute sich der rote Karl und klatschte in die Hände. „Ihr habt die Klasse von 28 Kindern genau geteilt. Wieviel Kinder sind in jeder Gruppe?" Die Kinder zählten die Kinder ihrer eigenen Gruppe ab und waren es dann zufrieden, als sie hörten, dass in der „anderen" Gruppe auch 14 Kinder waren. Dann teilte der rote Karl die 14er-

Gruppen noch einmal durch zwei, so dass an jeder Wandseite sieben Kinder standen.

Einigen Kindern war Karl der Teiler unheimlich, anderen imponierte er mächtig. Das änderte sich, als Karl am nächsten Tag Erdnüsse verteilte. Zuerst waren es nur drei Mutige, die zum roten Karl vorkamen und die er mit zwölf Nüssen beschenkte. Ohne Streit teilten sie sein Geschenk gerecht auf. Jetzt drängten mehr nach vorne, und bald war es die ganze Klasse. Der rote Karl verlangte aber Disziplin. Er verteilte fortan seine Nüsse nur an die Kinder, die wieder auf den Platz gingen, sich meldeten und seine schwierigen Aufgaben richtig ausrechnen konnten. „Wieviel Erdnüsse bekommen fünf Kinder, wenn ich ihnen zwanzig Nüsse gebe?"

Zum Schluss schimpfte er, weil ein paar Schalen auf dem Boden lagen. Damit er auch in Zukunft alles sehen könne, wollte ich ihm seinen Platz oben über der Tafel geben. Einige Kinder aber fanden, es sei sicher besser, wenn er zur runden und ruhigen Gustine an den Brunnen sitze. Und ausserdem wollten sie wissen, ob seine Schwester, die letzte der vier Geschwister, auch so sei wie Karl der Teiler, oder ob sie ganz anders aussehe.

Vorschau. Die Kinder wollen ihren Eltern unbedingt eine Überraschung machen. Sie haben vieles gezeichnet und gemalt. Es ist eine ganze Geschichte. Sie wollen sie auf englisch erzählen und dazu immer ein Bild nach dem anderen zeigen. „This is the house that Jack built …" Mehr darf ich nicht verraten. (Wir werden es an der Monatsfeier zeigen.)

Neunter Rückblick

Rechnen. Die Neugierde war so gross, dass ich schon in dieser Woche mit Multiplikata, der grossen Zauberin, in die Schule kam.

Sie gewann die Herzen der Kinder mit einem Schlag. Bildhübsch sah sie aus in ihrem goldenen Kleid mit Rüschen und Spitzen; mit ihrem zarten, gepuderten Gesichtchen erinnerte sie fast ein wenig an einen Clown, und auf der Brust trug sie eine rote Rose, von der ein paar Kinder behaupteten, dass sie dufte.

Als sie die Kinder fragten, wie sie rechne, erzählte sie ihnen zur allgemeinen Verwunderung, dass sie gar nicht zu rechnen brauche, weil sie alle ihre Rechnungen, die Malrechnungen, auswendig wisse. Sie habe da einen Trick, und der gehe, wie alle guten Sachen, eben mit einem Stern. Von ihr lernten wir, dass in einem zehnteiligen Kreis,

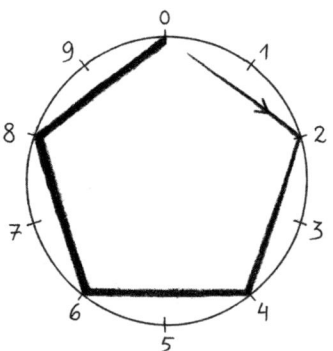

in dem die Null oben liegt, die Zweierreihe in einem Fünfeck erscheint, man muss nur die Zahlen der Zweierreihe mit dem Bleistift verbinden.

Man könne in diesem Fünfeck immer herumgehen; von den höheren Zahlen der Zweierreihe bekomme man zwar nur die letzte Stelle, aber den Rest wisse sie auswendig, was zu meinem Erstaunen die Kinder ebenfalls auswendig wussten.

In dem Fünfeck lag aber ein Fünferstern! Und da zeigte uns die Zauberin noch einen Trick: Wenn man dem Fünfstern folgte, gab es die Sechserreihe. Wie sie das entdeckt habe, wollten die Kinder von der Zauberin wissen. „Das muss man hüpfen, tanzen, springen und klatschen; man kann es auch singen und Verslein dazu dichten." Und nun tanzte und sang sie uns die Zahlenreihen vor, und die Kinder bekamen nicht genug davon. Die Zauberin konnte das ganze Einmaleins auswendig.

Wie gross war aber ein paar Tage später unsere Überraschung, als wir dem Fünferstern rückwärts folgten und dabei die Viererreihe fanden!

Und als wir das Fünfeck rückwärts machten, fanden wir die Achterreihe.[7]

Multiplikata gab uns den guten Rat, das alles auswendig zu lernen. Sie zeigte uns noch etwas: Am besten sei es, wenn fünf Kinder ein Fünfeck aufstellten. Dann laufe die Zwei zur Vier, diese zur Sechs und so weiter. Sie kam auch mit in die Eurythmiestunde, wo wir die Zweierreihe auf dem Fünfeck zu einer schönen Melodie laufen durften.

Multiplikata ist ein wenig geschwätzig. Manchmal fragt sie mit einer verstellten Blechstimme mitten im Unterricht: „Was ist dreimal zwei?" Und wenn die Kinder antworten: „Sechs", ruft sie: „Alte Hex!"

Sie hat ihren Platz auf einer Schaukel über der Tafel, von wo aus sie in die Klasse sieht, aber auch sehr gut zum Fenster hinausschauen kann. Wenn etwas Wichtiges passiert, sagt sie es uns, und darum müssen die Kinder jetzt nicht mehr so oft zum Fenster hinausschauen.

Besuch bei Monikas Eltern

„Wir schätzen es sehr, dass Sie neben dem Schule-Geben und der Elternarbeit, die jetzt so schön in Gang gekommen ist, sich noch zusätzlich Zeit für ein privates Elterngespräch genommen haben." Mit diesen Worten lud der Vater den Lehrer ein, es sich gemütlich zu machen, während die Mutter Tee brachte.

„Wir haben nämlich ein Problem", fuhr der Vater fort, „das uns manch unruhigen Abend beschert hat. Es ist vielleicht unser eigenes, hausgemachtes Problem. Wir sehen ja, dass unsere Monika bei Ihnen gut gedeiht, und doch haben wir immer wieder Schwierigkeiten mit manchem, was sie von der Schule heimbringt oder wir in den Rückblicken lesen und wohl auch nicht richtig verstehen."

Der Lehrer wartete ab, bis die Mutter den Tee eingegossen hatte. „Um was handelt es sich genau?"

„Darf ich frei von der Leber weg sprechen?" bat der Vater. „Da ist dieser nicht ganz konkrete Unterrichtsstil, dieses Abgelöste, auch irgendwie Unwirkliche in dem, was Sie den Kindern erzählen, so erleben wir es eben. Auch bleiben Dinge, wie zum Beispiel das Fernsehen, ungeklärt, das heisst ohne allgemeingültige Beschlüsse so vage als Problem ohne Lösung stehen. Am meisten machen uns aber Ihre Erzählungen zu schaffen, wenn ich mich ganz offen äussern darf."

Ein glockenhelles Lachen durchklang unvermittelt die Gesprächsrunde. „Mein guter Mann", beschwichtigte die Mutter, „du bist ein Advokat. Aber mit der Juristerei kannst du die Märchenwelt doch nicht erobern." Und wieder war es ihr herzhaftes Lachen, das die Strenge und Schwere ihres Mannes wohltuend ausglich; es war der Klang eines Menschen, der – wie man sagt – mit sich und der Welt einig ist.

„Erzählungen?" fragte der Lehrer vermittelnd.

„Ja. Sie erzählten den Kindern das Märchen vom Meerhäschen[8]", fuhr der Vater fort, der sich von seiner Frau offensichtlich kaum beeindrucken liess. „Da kommt eine Prinzessin vor, die in ihrem Turm zwölf Fenster hat, durch die sie – durch jedes Fenster besser – alles sehen kann. Nur wer sich vor ihr verstecken kann, den wird sie heiraten. Wen sie aber findet, dem wird ohne Erbarmen der Kopf abgehauen und auf einem Pfahl vor dem Schlosseingang aufgespiesst."

Der Vater warf dem Lehrer einen kritischen Blick zu: „Dessen nicht genug, kommen schliesslich drei Brüder, deren zwei ebenfalls enthauptet werden, wohingegen der Jüngste, der sich erfolgreich versteckt, *diese* Prinzessin heiratet. Ich bitte Sie, zu welchem Hochzeitsfest wird da geladen!"

Er machte eine Pause und schüttelte den Kopf: „Wie kann der Jüngste danach begehren, die Mörderin seiner eigenen Brüder zu heiraten!? Sehen Sie, da stehen wir, ganz ehrlich, vor einem echten Problem. Meine Frau sagt, sicher ganz zu Recht, das sind eben Märchen ... Aber so recht wissen wir dann beide nicht mehr weiter. – Ich meine, die Moralvorstellungen, die in diesem Märchen vorkommen, verbieten doch eigentlich solche Erzählungen. Bedenken Sie: Wieviel Greuel, wieviel Roheit sehen wir jeden Tag im Fernsehen, und wieviel Brutalität ist in den Illustrierten abgebildet, oft genug auch für Kinder zugänglich. Muss da noch mehr dazukommen?"

„Mein Mann regt sich jedesmal auf, wenn wir diese Sache besprechen", seufzte die Mutter. „Aber wir sollten in diesem Punkt tatsächlich einmal Klarheit gewinnen. Warum erzählen Sie denn überhaupt solche Märchen?"

Der Lehrer rückte sich auf dem Stuhl zurecht. Er wusste nur zu gut, wie schwer es sein konnte, sich mit Menschen, die die Bildsprache nicht verstehen, aber um so besser in der Gedankensprache argumentieren können, zu verständigen. Schliesslich fragte er: „Wie hat denn Monika dieses Märchen heimgebracht? Hat sie sich über die Prinzessin entrüstet?"

„Keine Spur von Entrüstung!" empörte sich der Vater. „Im Gegenteil: Sie malte diese Gruseleien noch. Hier, sehen Sie sich nur mal diese Bilder an! Die Köpfe auf den Stecken, und dahinter, das ist wohl das Schloss. Es schaudert mich."

„Und hier habe ich die Frage: Was geht in meiner Tochter vor, wenn sie solche Geschichten hört? Wie sehen Sie das als Lehrer?" Der Vater schwieg.

„Ich glaube, zuerst müssen wir einmal Ereignisse in der äusseren Welt von den Märchenbildern trennen. Diese beiden Bereiche darf man nicht ohne weiteres vermischen …"

„Wie meinen Sie das?" unterbrach der Vater.

„Ich meine, dass Vorgänge in meiner Seele einer Innenwelt angehören, in der andere Gesetze als in der Aussenwelt gelten ..."

„Also Sie meinen, dass man wohl darüber nachdenken kann, einen Menschen grausam zu töten, solange man es nicht ausführt ... Verstehe ich Sie richtig?"

„Nein. Ein Märchen ist kein Kriminalroman. Es ist etwas ganz anderes."

„Was ist es denn?" forschte der Vater.

„Märchendeutungen gibt es viele; mir scheint es am sinnvollsten, alle Gestalten, die in einem echten Märchen vorkommen, in der eigenen Seele zu suchen."

„Wie? Sie wollen sagen, dass so eine Prinzessin auch in Ihnen lebt!?" Der Hausherr war perplex.

„Ja – natürlich nicht nur in mir, im Grunde genommen in *jedem* Menschen."

Der Vater lächelte den Lehrer ratlos an.

„Mehr noch: Die Prinzessin und die erschlagenen Prinzen, die unglücklichen Brüder und der Jüngste als Glückskind, sogar die Tiere, die der Jüngste jagt, aber nicht erlegt, und die ihm dann helfen, sich vor der Prinzessin zu verstecken, alle diese Gegensätze leben in mir. Auch wenn ich nicht darauf achte."

„Auch Fuchs, Quelle, Meerhäschen und alles andere ...?"

„Auch der Fuchs und die Quelle im Wald gehören zu mir. Davon bin ich ja ausgegangen. Aber ich gebe zu, dass ich das alles nicht für ein Abfragespiel zur Verfügung habe. Ich muss mich erst darauf besinnen."

„Und Sie finden dann die Prinzessin in sich, die die Köpfe abschlägt?"

„Jedesmal, wenn ich ein richtendes – oder vernichtendes Urteil über einen Menschen abgebe, ohne auch nur den Versuch gemacht zu haben, mich liebevoll, verständnisvoll in ihn hineinzuversetzen, schlage ich einen Kopf ab."

Jetzt verschlug es dem Vater die Rede. Die Mutter zögerte: „Aber die Prinzessin hat doch diese zwölf Fenster in ihrem Turmzimmer ..."

„Die zwölf Fenster sehe ich als die zwölf Tore meiner Sinne, die mich mit der Welt verbinden. Aber meine Weltverbundenheit hat zwei Seiten: die eine Seite ist die Welt, die andere bin ich selbst. Immer wenn ich herzlos in die Welt hinausschaue – eigentlich ohne dass ich selber dabei wirklich beteiligt bin –, kann ich zwar die Dinge immer schärfer und schärfer sehen – mit Hilfe von Mikroskop oder Teleskop –, so wie die Prinzessin von Fenster zu Fenster geht, aber ich tue es dann ‚rein wissenschaftlich', ohne eine wirklich innere Verbundenheit. Dadurch bleibt mir etwas verborgen."

„Die Wissenschaft verlangt von uns, dass wir unsere Beobachtungen nicht subjektiv einfärben", wehrte der Vater ab.

„Die Verobjektivierung der Welt hat einen grausamen Preis. Auf den Pfählen sind 97 Häupter aufgespiesst."

„Wie meinen Sie das?"

„Dadurch, dass wir die ‚Aussenwelt' zu einem Objekt gemacht haben, haben wir sie auch mit der Zeit ohne eigene Anteilnahme behandelt. Etwas zu einem Objekt machen, das heisst doch, sich selber ganz herauszuziehen und dann willkürlich damit zu experimentieren. Bedenken Sie, wie grausam zum Beispiel viele Tierversuche durchgeführt werden, wohin die Embryonenforschung strebt, und vieles, vieles mehr. Alles das hat seinen Preis. Die Märchen zeigen immer die Konsequenz, die sich aus unserem Handeln ergibt. Die aufgespiessten Köpfe sind ein grausamer Tribut, aber das Bild hat für mich viel Wahrheitsgehalt.

Oder lassen Sie uns darüber nachdenken: Woraus sind die Umweltschäden entstanden? Die Naturwissenschaft hat uns gelehrt, zu verobjektivieren. Das haben wir auch mit der Erde gemacht: sie ist Objekt geworden. Dadurch aber betrachten wir sie nicht als mit uns verbunden und tun mit ihr, was wir nicht mit uns tun würden. Die Umweltschäden sind

Folgen unseres Handelns; nicht aufgespiesste Köpfe, aber ebenfalls Zerstörung tritt uns entgegen."

„Jetzt muss ich sehen, ob ich Sie richtig verstanden habe. Wollen Sie damit sagen, dass die Prinzessin der herzlose, stolze Wissenschaftler in uns ist, der sich mit nichts verbinden will und alles erforschen kann, und dass diese Haltung der Grund für so viel Brutalität und Zerstörung ist?"

„Siehst du", unterbrach die Mutter, „ich betonte immer, man darf die Märchen nicht so eng auslegen. Sie haben einen ganz anderen, viel tieferen Sinn, den man nur finden muss." Und zum Lehrer gewandt: „Bin ich froh, dass Sie gekommen sind! Wir sind mit diesem Märchen einfach nicht zurechtgekommen. Man kann es ja tatsächlich ganz anders verstehen."

*

„Eigentlich erschüttert mich das, was Sie da sagen. Das heisst ja, dass die Kinder schon mit unseren ganz grossen und unlösbaren Problemen durch die Märchen konfrontiert und belastet werden. Ist das nicht viel zuviel, viel zu früh für sie?" grübelte der Vater vor sich hin.

„Ja, aber es ist doch ein Märchen, lieber Mann, und in einem Märchen bleiben die Spannungen ja nicht so stehen. Es gibt ja das oft belächelte gute Ende. Unser Alltag kennt oft nur die Spannung, selten die Lösung. Die Märchen sind viel umfassender. Monika fiebert förmlich der Lösung entgegen, und dann ist sie glücklich und umarmt mich. Manchmal flüstert sie mir dann noch etwas ins Ohr: ‚Gell, das ist aber gut, dass es den Fuchs gegeben hat', sagte sie neulich, und ich bestätigte ihr das: ‚Ja, der weiss doch die rechten Pfiffe!' – Nachträglich hatte ich allerdings wieder diese Ungewissheit, die ich oft eben habe bei den Märchen, weil ich nicht weiss, was dahintersteht. Der Fuchs ist ja doch nur schlau, und Schlauheit für sich genommen ist doch keine gute Kraft."

„Aber der Fuchs weiss den Weg zu der Quelle im Wald, in die sie beide untertauchen. Der Fuchs, als er aus dem Quell

herauskommt, ist ein Marktkrämer, der Jüngling, als er auf-
taucht, ist ein Meerhäschen", erklärte der Lehrer.

„Das verstehe ich wieder nicht", unterbrach der Vater.

„Es ist nicht zu verstehen. Wohl aber kann man es suchen,
suchen im eigenen Innern." Der Lehrer wandte sich zum
Vater: „Wo ist die Quelle, in der eine Verwandlung möglich
wird?"

„Meinen Sie das Herz?" fragte die Mutter.

„Aber warum diese Verwandlungen? Wieso wird der
Fuchs zu einem Krämer, und wieso wird der Jüngling ein
Meerhäschen?" rätselte der Vater. – „Und dann diese merk-
würdige Überkreuzung: Das Tier bekommt ein mensch-
liches Antlitz, der Mensch ein tierisches. Gibt es so etwas
im menschlichen Innern? Können Sie das wirklich begrei-
fen?"

Der Lehrer war erstaunt und gleichzeitig erfreut über die
Reaktion der Eltern. Offensichtlich hatten sie Schwierigkeiten, besonders der Vater, der Seelenwelt eine Realität zuzu-
schreiben. Und doch schien es möglich, ihnen ein Tor in
diese andere Welt zu öffnen.

Nun war aber die Frage nach Fuchs und Krämer, Jüngling
und Meerhäschen gestellt. Der Lehrer überlegte, aber die
rechte Antwort wollte sich ihm nicht so schnell ergeben.

Seine Verlegenheit spornte indessen die Mutter um so
mehr an. „Ich weiss nicht", sagte sie, „ob ich diese Gestalten
so gut interpretieren kann, wie Sie es können. Aber ich meine,
dass der Fuchs allemal für Schlauheit steht. Mindestens weiss
er so gut wie heute ein jeder Marktkrämer auch, dass wir mit
dem von Ihnen vorhin genannten Umweltproblem keinen
Schritt weiterkommen, wenn wir nur so weiterwirtschaften,
statt unsere Einstellung zum Leben zu ändern. Der Fuchs ist
ein ganz vernünftiger Marktkrämer, sozusagen die andere
Seite des Pelzgesichtes. Ist so gesehen der Marktkrämer am
Ende das menschliche Antlitz der Schlauheit?" Der Vater
nickte, ihm gefielen die Ansichten seiner Frau.

„Und der Fuchs weiss genau, dass nur das Herz unsere Lebensquelle ist", fuhr die Mutter fort. „Aber das andere ist mir ganz unverständlich: Wieso verwandelt sich der Jüngling in ein Meerhäschen? Wissen Sie das? Was ist das überhaupt für ein Tier, ein Meerhäschen?"

„Ich nehme es als ein Fabeltier", antwortete der Lehrer. „Es versteckt sich unter dem Zopf der Prinzessin. Diese sieht nur durch alle ihre Fenster hinaus, nicht aber in sich hinein. Sie ‚durchschaut' sich nicht, hat also keine Selbstwahrnehmung."

„Aha!" rief der Vater aus. „Jetzt sehe ich die Schlauheit des Fuchses." – „Und ich", wandte sich die Frau ihrem Mann zu, „hatte Bedenken, als ich Monika die richtigen Pfiffe des Fuchses so pries. Jetzt ist mir aber klar, worin seine richtigen Pfiffe bestehen: Er führt den Weg zur Waldquelle. Das muss ich ihr noch einmal sagen. Das ist sein Meisterstück, dass er den Quell kennt, dass er den kennt und mit dem Jüngling darin eintaucht. Das ist so herzhaft und so unsentimental."

*

Die Mutter schenkte Tee nach und versuchte, den Faden wieder aufzugreifen. „Vieles ist mir jetzt an dem Märchen aufgegangen, und ich glaube, es ist wichtig, dass wir so eine Gestalt wie die Prinzessin auch ins Auge fassen. Sie wartet ja auch in mir auf ihre Erlösung. Dass sie sich selber nicht durchschaut und wie sich das Meerhäschen unter ihrem Zopf versteckt, ist das nicht wunderbar ins Bild gesetzt? Aber jetzt lässt es mir keine Ruhe mehr, warum der Jüngling dieses Fabeltier werden muss. Da geht mir noch gar kein Licht auf."

Es entstand eine Pause, in der alle nachsannen.

„Vielleicht vermag ein Fabeltier mehr als ein gewöhnliches Tier", überlegte der Lehrer. „Das gewöhnliche Tier gleicht eher dem ichlosen Zustand, in den wir abgleiten, wenn wir uns ganz unseren Instinkten, Trieben und Begierden überlassen. Ein Fabeltier ist etwas anderes. Es kommen mir die Fabeltiere in den Bögen der Kirchenportale in den Sinn. Ich meine die Gestalten, die in dem Bogengewölbe hinter den Evangelisten zu sehen sind: Adler, Löwe, Stier und Engel. Sie alle sind als geflügelte Wesen dargestellt. Der geflügelte Löwe, die geflügelte Kraft des Stieres, das geflügelte Tier als Adler, der schon geflügelt ist – vielleicht ein göttlicher Gedanke –, und der Engel oder geflügelte Mensch. – Fabeltiere weisen auf Verwandlungen des nur Natürlichen in etwas, was sich über die Natur erhebt.

Der Jüngling, als Meerhäschen verwandelt, ist für die Prinzessin etwas ganz Unbekanntes. Zwar sieht sie das Meerhäschen in seinem Pelzgewand, aber sie erkennt nicht sein Inneres. Auch nicht dann, als sie von Fenster zu Fenster geht. Ihr Blick wird nur nach aussen schärfer und schärfer. Sein Wesen bleibt für ihre Sinne, die nur auf das Sinnliche gerichtet sind – ohne den Anteil der Sittlichkeit –, nicht wahrnehmbar. Mit diesem Wesen, das ihrer Natur unbekannt ist, vermählt sie sich, so wie es die Seele tut, wenn sie sich dem Geiste zuwendet, statt nur dem Leibe zu dienen."

*

„Dann hätte das Märchen einen unglaublich tiefen Sinn. Ein ganzes Leben wäre darin vorgezeichnet, als Ideal menschlichen Strebens. Das kann doch nicht durch ein Märchen allein in einem Menschen veranlagt werden! Das Märchen kann doch nicht mein Kind auf einen solchen Weg bringen! Wo ist der Zusammenhang? Wie wirkt so ein Märchen auf unsere Monika? Können Sie uns das sagen?" fragte der Vater.

„Durch das Märchen werden die Sinne – durchgeistigt. Durchgeistigt wie die Prinzessin, die den Jüngling heiratet", versuchte der Lehrer einzuwerfen.

„Die Sinne müssen durchgeistigt werden?" überlegte die Mutter.

„Wenn sie nicht leibgebunden bleiben sollen ..."

„Wäre das der Sinn des Märchens?" forschte die Mutter weiter.

„Und der Sinn der Sinnesentwicklung", bekräftigte der Lehrer. „Die Sinne aus dem Körper zu löschen, in dem sie wie die stolze Prinzessin durch die Nachahmungsfähigkeit verwunschen und gefangen sind, das gelingt nur, wenn wir sie in einen neuen Zusammenhang stellen können: den geistigen. Und darin liegt ja die Aufgabe für uns alle, Lehrer und Eltern: Wir bringen dem Kinde das Geistige näher durch – *das Bild.*"

„Dann wäre das Märchenbild oder überhaupt Bilder Zauberei. Ist das richtig?" Der Vater sah herausfordernd auf den Lehrer.

„Ich will kein hochgeistiges, sondern ein alltägliches Beispiel suchen", überlegte der Lehrer. „Nehmen wir dieses:

Wenn die Erstklässler zum ersten Mal in die Schule kommen, haben sie noch nicht gelernt, sich zu melden. Auf eine Frage antworten sie alle zusammen. Wie bringe ich nun den Gedanken des Sichmeldens, der zwar einen sehr alltäglichen, aber eben doch einen Gedankeninhalt – etwas Geistiges – hat, dem Kinde näher? ‚Du musst dich melden, du darfst nicht reinreden!' Derlei Ermahnungen und Erklärungen helfen sehr wenig. Aber ein Bild, noch so einfach, es hilft dem Kinde augenblicklich:

‚Wenn du etwas sagen willst, so sagt es dein Mund deinem Finger, und dein Finger, der zeigt es dann mir. Du brauchst ihn nur in die Luft zu halten, dass ich es sehen kann.' So, wie das Kind dieses Bild ins Tun umsetzen kann, so haben Bilder ganz allgemein die Eigenschaft, dass sie tätig erlebt werden und darum über die Phantasie den Willen beflügeln. Das sind die geflügelten Fabeltiere, die das Kind aufnehmen kann. Sie bleiben bei ihm, wie der geflügelte Löwe und der geflügelte Stier bei den Evangelisten bleiben."

„Da brauchen Sie ja eine eigene Bildersprache für Ihre Klasse", verwunderte sich der Vater.

„Für alles! Alles, was das Kind wirklich aufnehmen soll, braucht Bilder. Auch das Rechnen braucht diese Bilder. Sie haben ja von Gustine und Ernst, Karl dem Teiler und Multiplikata schon in den Rückblicken gelesen. Die Bilder *bilden* das Kind, nicht meine Erklärungen."

„Jetzt ist mir auch Ihr Unterrichtsstil klargeworden", sagte die Mutter mit innerer Bestimmtheit. „Wir Eltern verstehen eben oft nicht, warum Sie dem Kinde nicht einfach etwas ganz genau erklären. So haben wir den Eindruck, dass zum Beispiel im Rechnen etwas verschwommen ist, das für das Kind aber wohl gerade dadurch, dass Sie dafür ein Bild geben, erst begreiflich wird."

„Trotzdem ist es mir noch ein Rätsel und ein richtiges Hokuspokus. Es ist mir nämlich einfach nicht klar, wie Sie das in unsere Monika hineinbringen. Verstehen Sie? Wie kommt Monika dazu, dass sie alle die Märchengestalten und Vorgänge als etwas aufnimmt, was in ihrem Inneren vor sich geht? Wie bewerkstelligen Sie das?" Der Vater lehnte sich zurück.

„Ich bewerkstellige gar nichts, das Kind tut es ganz von alleine. Es lebt ja noch in der Nachahmung. Schauen Sie doch die Bilder an, die Monika von dem Märchen gemalt hat. Das ist schon in ihrem Inneren. Es sind keine ,Nachrichtenbilder aus der Tagesschau', wo etwas Grausames passiert ist. Das ist die *Verwechslung*, die uns Erwachsenen immer wieder unterläuft. Und wir sollten darum darauf achten, Märchenbilder nicht so zu malen wie ein Foto! Wenn Monika das Märchen hört, lebt es in ihrer Seele, sie malt Seelisches.

Aus der Entwicklungspsychologie wissen wir, dass ein Erstklässler sich noch nicht so erlebt, dass er von der Aussenwelt völlig getrennt ist. Was das Kind in der Aussenwelt sieht, schwingt und klingt auch in seiner Innenwelt. Das sehen Sie im kindlichen Spiel: Das Kind nimmt ein Holzstück, und es ist ein Flugzeug, ein Haus, ein Auto oder was Sie wollen. Immer spiegelt sich auch noch die Innenwelt darin. Wie schrieb doch Jean Paul so schön: Gebt einem kleinen Kind einen dürren Zweig, und es wird mit seiner Phantasie Rosen daraus hervorspriessen lassen!

Das Kind erlebt das Märchen anders, als wir Erwachsene das Märchen erleben. Es sind wirklich alle diese Gestalten in ihm. Wir müssen sie gar nicht da hineinbringen. – Allerdings, eines fällt mir zu Ihrer Frage doch noch ein: Als Kind konnte ich meine Lieblingsmärchen nicht oft genug hören. Und die Wiederholung befestigte natürlich alles, was ich in meiner Phantasie erlebte.

Aber es wäre furchtbar, wenn ich dem Kinde so etwas erklären würde, wie wir es heute abend miteinander besprochen haben. Das Kind lebt unmittelbar in jedem Bild darinnen. Es stellt sich nicht dem Bild gegenüber, wie wir Erwachsene das in der Vorstellungsbildung tun.

100

Als Erwachsene müssen wir den Zugang zu dieser Bilderwelt – über das Bewusstsein – oft mühsam erst wieder suchen. Das Kind ist noch selbst ‚Bild‘, in der *Bildung* begriffen – im Wachstum.

In einem späteren Alter lässt diese ‚Bildefähigkeit‘ nach; Inhalte anderer Art sind dann gefragt. Das Kind will dann nicht mehr nur Märchen hören. ‚Ist die Geschichte wahr?‘ fragt es häufig, bevor wir zu erzählen beginnen.

Ja, wenn das Wachstum die Region des Hauptes verlässt, wo es jetzt im Zahnwechsel tätig ist, und dann später die grossen Wachstumsprozesse in Lunge und Herz einsetzen, dann werden Sie sehen, dass das Kind nicht mehr in die Märchenbilder so hineinschlüpft wie jetzt. Wenn das Kind älter wird, sucht es nach einer *anderen* Art von Bildern."

„Aber dann sind ja Ihre Bemühungen vergebens gewesen", wendete der Vater ein.

„Das hoffe ich aber nicht. Wachsen und Welken bedingen einander. Wir sahen ja schon früher, dass die Mutter sieht, wie die Züge des Säuglings in dem Masse ‚welken‘, wie das Kindergartenkind heranreift. Unsere Erstklässler werden ihre Gesichtszüge völlig verändert haben, wenn die Pubertät beginnt. Aber was nicht vergeht, das ist dasjenige, was mit dem innersten Wesen des Kindes mitwachsen kann.

Wenn eine Blume heranwächst und sich schliesslich die Blüte öffnet, so bildet sie bald danach die Samen. Diese Samen werden wieder wachsen, wieder dieselben Blumen bilden. So kann im Kinde dasjenige gedeihen, was Samencharakter hat. Es muss aber so beschaffen sein, dass es durch alle Bildungen und Umbildungen hindurchgehen und sich entfalten kann. Alle unsere fixierten Urteile, Richtlinien, Vorstellungen und dergleichen mehr können das nie und nimmer, weil sie zu sehr fertig sind.

Ein Schuh Grösse 32 kann nicht mit dem Fuss von Monika wachsen, weil er eine fertige Form hat und haben muss. Bilder aber, tief empfunden, wachsen auf dem Grunde der Seele.

Aus dem Märchen vom Meerhäschen können Seelenkräfte aufspriessen. Im späteren Leben kann uns plötzlich die Frage befallen: Gleiche ich der Prinzessin? Wir können darum ringen, diese Gestalt in uns zu erlösen, und: Wir werden uns auch vor ihr verstecken wollen. – Vielleicht werden wir im späteren Leben auf den Fuchs aufmerksam, dem wir zuerst einen Splitter aus der Pfote herausziehen müssen und der uns hernach zur Quelle im Walde führt. Und immer andere Schicksalszusammenhänge werden auf uns zu kommen und uns einengen, aber es können auch immer neue Bilder aus der Seele aufsteigen, die uns die Sicht öffnen.

Wenn das Kind ein Märchen hört, nimmt es etwas Zukünftiges auf. Oft hören wir sagen: Kinder sind die Zukunft. Leicht gesagt! Aber wie gehen wir methodisch so damit um, dass wir sie tatsächlich auch für die Zukunft unterrichten?

Wir erzählen ja das Märchen jetzt, in der Gegenwart. Nun kommt in Betracht, *wie* das Kind einem Märchen lauscht. Das Kind nimmt das Märchen ja nicht nur mit dem Verstande, sondern vor allem durch sein Miterleben auf: Es ist gespannt, es bangt und hofft, und es freut sich. Würde es das Märchen *nur* verstehen, wäre es mit der Gegenwart auch bald wieder vergangen.

Das Wunderbare, das in jedem echten Märchen vorkommt, dämpft das helle Tagesbewusstsein etwas ab und taucht das Kind dafür um so mehr in das Gefühl ein. Und in diesem Hineinträumen in die Bilder kann sich der Inhalt des Märchens wie ein Same in die Seele des Kindes versenken, um in der Zukunft wieder hervorzuspriessen, die Sicht für manches Schicksalsrätsel im Leben erhellend.

Sehen Sie jetzt, wie das Zukünftige im täglichen Unterricht veranlagt werden kann? – Alles Bildhafte wirkt in diesem Sinne in die Zukunft hinüber, weil es *nicht* im Augenblick des Hörens vom wachen Verstand erfasst und dadurch *verzehrt* wird, sondern weil es sehr langsam, manchmal erst nach vielen Jahren, erwachen wird.

Der tiefere Sinn der Märchen leuchtet uns erst so recht entgegen, wenn wir älter und älter werden. Da breiten gerade die Märchen das stärkste Licht über unser Leben aus. Wohl denen, die in ihrer Kindheit Märchen aufnehmen durften! Aus einem Märchen kann man ein ganzes Leben lang wie aus einer Quelle schöpfen." Der Lehrer schwieg.

„Es kommt mir noch etwas in den Sinn: Ein Lehrer und ein Gärtner haben vieles gemeinsam: Wie der Gärtner aussät, pflegt und erntet, so wird auch der Lehrer aussäen, pflegen und ernten. Sonst würden wir uns entweder die Zukunft, die Gegenwart oder die Vergangenheit verdunkeln."

Die Mutter, die dem Lehrer sehr aufmerksam zugehört hatte, richtete plötzlich ihren Blick nachdenklich auf ihn: „Das alles, was Sie eben gesagt haben, legt uns Eltern und Ihnen als Lehrer eine gewaltige Verantwortung auf.

Ich will nur eines herausnehmen: Wie, wenn das Kind jetzt nicht *echte* Bilder aufnimmt, die es in gesunder Weise bilden, sondern solche Bilder, die es ver-bilden? Wir sollten doch bedenken: Phantasie, wenn sie ins Krankhafte geht, wird zur Phantastik. Aber heute gibt es überall in der Welt eine scheussliche Bilderschwemme. Ich denke da zum Beispiel an die Comic-Heftchen. Man sieht doch sofort diesen Bildern an, wie sie die Seelenwelt eines Kindes verzerren können."

„Darf ich zum Schluss noch einen konkreten Vorschlag zu dem machen, was Sie eben angesprochen haben?" bat der Lehrer.

„Bitte, ich bin neugierig darauf!"

„Glauben Sie nicht auch: Wenn Eltern statt fernzusehen Märchen erzählen würden, was würde dann entstehen? Es könnte ein Fest sein! Gäbe es etwas Besseres?"

Das zustimmende Lächeln gab dem Lehrer Mut, die zu Beginn des Abends gestellte Frage nach einem generellen Fernsehverbot doch noch aufzugreifen. Aber dazu sollte es nicht kommen. Die Frau des Hauses kam ihm zuvor:

„Und ach, wissen Sie, die von meinem Mann heute abend vorgebrachte Kritik wegen der fehlenden Aussprache über ein allgemeines Fernsehverbot, das sehe ich nach unserem heutigen Abend noch einmal ganz anders. Ich glaube, man muss davon überzeugt sein, was das Märchenleben für ein Kind bedeutet. Und dann kann man selber auch auf manches verzichten. Mehr Eltern sollten etwas von dem erfahren, was wir heute abend besprochen haben. Es gehört doch in die Problematik, mit der wir bei Kindern in dieser Klassenstufe zu tun haben. Verbote allein genügen nicht."

*

Die Gesprächsrunde neigte sich dem Ende zu. Man plauderte noch über dies und jenes.

„Darf ich noch eine neugierige Frage stellen?" bat die Mutter. „Ich würde nämlich gerne wissen, ob Sie alle Märchen, die Sie unseren Kindern erzählen, zuvor so genau durchforschen, wie Sie es heute abend mit dem Märchen vom Meerhäschen gemacht haben, und ob dieses bewusste Durchdringen der Märchengestalten für Sie die Voraussetzung für das Erzählen ist."

„Ich bin immer furchtbar neugierig darauf, ob mir ein Licht beim Erzählen aufgeht. Gerade wenn Kinder zuhören oder fragen, können mir die unglaublichsten Zusammenhänge klarwerden, die in einem Märchen enthalten sind.

Sie sprachen es ja heute abend selber einmal an: Ihre Tochter sagte: ‚Das ist gut, dass es den schlauen Fuchs gibt.' – ‚Ja, der weiss die richtigen Pfiffe', sagten Sie. – Dann fragt Sie das Kind vielleicht weiter: ‚Warum ist denn die Quelle im Wald?' – Wir könnten antworten: ‚Es ist ja doch ein besonderer Quell. Die, die darin eintauchen, verwandelt er. So eine Quelle liegt nicht im hellen Sonnenlicht, wo sie jeder sieht und finden kann. Sie liegt im Waldschatten verborgen, und nur der Fuchs kennt die Schleichweglein zu so einem geheimen Ort.' – So sprechen wir mit dem Kind in einer gemeinsamen Sprache, die in einem ganz anderen Land gesprochen wird.

Aber noch einmal zu Ihrer Frage: Natürlich ist es gut, wenn man sich vorher klarmacht: Was erzähle ich eigentlich den Kindern mit diesem oder jenem Märchen? Denn es gibt ja auch genug Märchen, die sich nicht für Kinder eignen.

Was wir heute abend besprochen haben, wusste ich übrigens auch nicht vorher. Es entstand unter uns, und ich bin Ihnen sehr dankbar für Ihr inspirierendes Mitwirken."

„Und wir danken Ihnen für den anregenden Abend", erwiderte die Mutter. „Jetzt bekomme ich nämlich Lust, selber Märchen zu lesen, mich darüber mit meinem Mann zu unterhalten. Gell, das wird uns beiden guttun, zusammen darüber zu sinnen und zu rätseln. Und dann bin ich gespannt, wie Monika zuhört und was ich mit ihr alles zu besprechen habe, wenn ich ihr selber Märchen erzähle.

Ob das alles ohne Sie auch so gut geht, möchte ich bezweifeln. Aber vielleicht kommen Sie wieder zu uns, wenn wir das Hochzeitsfest feiern?"

„Soo ...", staunte der Lehrer. „Aber davon wusste ich ja gar nichts. Wann ist denn das?"

Die Mutter lachte: „Immer, wenn der Jüngling die Prinzessin zur Frau kriegt."

Zehnter Rückblick

Die grosse Zauberin Multiplikata gefällt den Mädchen besonders gut. Sie haben auch das bessere Zahlengedächtnis als die Buben, das heisst, sie können die Zahlenreihen so gut behalten, die Buben sind dafür im Kopfrechnen flinker. Sie haben eine gewisse Vorliebe für Karl den Teiler.

Die Zauberin stellte in Aussicht, dass sie in der zweiten Klasse das Sternbild für die ungeraden Zahlenreihen verraten wolle. Aber dazu wird es kaum kommen. Sieglinde hatte schon ganz selbständig die Fünferreihe herausgefunden: „Da muss man nur immer rauf- und runtergehen."

Gestern entdeckte nun Marco, dass die Dreierreihe auf einem Stern „mit ganz vielen Zacken" liege. Ganz genau konnte er die Zahl der Zacken noch nicht sagen. Er will es aber zusammen mit Günther herausfinden. Es ist herrlich, wenn die Kinder so selbständig „forschen".

„Wieso gibt es eigentlich auch kleine Buchstaben?" wollte Cornelia wissen. Ich besann mich schnell und erzählte von einem König, der eines schönen Tages nicht Brotschnitten, sondern Buchstaben essen wollte. Der königliche Hofbäcker machte daraufhin einen Teig, formte lauter Buchstaben daraus und schob sie in den Ofen. Als sie schön braun und knusprig waren, zog er sie heraus, legte sie alle 26 auf sein grösstes Blech und eilte zum König. Aber, o weh! Wäre er lieber nicht so schnell gerannt! Auf der letzten Stufe vor dem Königsschloss stolperte er, fiel auf den Bauch, und alle Buchstaben landeten auf dem Boden. Viele waren zerbrochen. Der König, der, abgesehen von seinen ausgefallenen Esswünschen, sonst ein ganz normaler und freundlicher Herrscher war, tröstete den Bäcker. Von jetzt an, sagte er, gebe es eben ausser den Grossbuchstaben auch noch die Buchstaben, die zerbrochen sind. Und weil er ein König war, galt sein Wort, und die Menschen lernten von da an die zerbrochenen, die kleinen Buchstaben. Und was geschah daraufhin? Eva, die nächste Woche acht wird – so erfuhr ich von der Mutter –, wünscht sich gebackene Buchstaben zum Geburtstag …

Elternabend. Es sind die folgenden Themen zusammengekommen:

- Die zwölf Sinne
- Taschengeld?
- Fernsehen, was machen wir?
- Die vier Temperamente
- Linke Hand oder rechte?

Elfter Rückblick

Es kam, wie ich „befürchtet" hatte: Eva brachte triumphierend das b mit in die Schule, der obere Bügel war abgebrochen. Beim h fehlte der rechte obere Haltegriff, beim l ein Stück vom Fuss.

Evas Mutter hatte – obwohl es Sommer war – das Rezept von der Weihnachtsbäckerei genommen. Da gab es beim Backen ebenfalls Brüche. Eva war darüber überglücklich, und ich weiss nicht, was tun, denn nun wollen die Kinder alle die kleinen Buchstaben lernen, und wir sind doch noch nicht in der zweiten Klasse, in der man das lernt. Evas Mutter ist bereit, in der Schule mit allen Kindern Buchstaben zu backen – aber sie hat vor den Ferien keine Zeit mehr. So kann sie erst in der zweiten Klasse kommen. Ich bin „gerettet", und die Kinder sind gespannt.

Rechnen. Marco und Günther haben den Zehnerstern herausgefunden und der ganzen Klasse gezeigt, wie das geht.

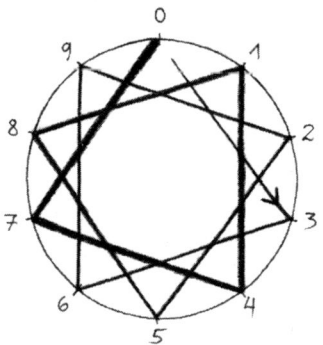

„Man braucht nur bei Null anfangen und immer zwei auslassen. Dann gibt es drei, sechs, neun." Wir versuchten zuerst an der Kindertafel, ob wir es auch können, und malten es dann in unsere Hefte. Es gibt keinen Zweifel mehr: Wir sind ganz bald Zweitklässler.

Schulausflug. Wir wollen uns zu Schulbeginn morgens in der Schule treffen. Wir wandern dann durch den Wald zur Glitzersteinhöhle, in der wir unsere erste Rast machen. Von dort klettern wir zum Aussichtsturm, den wir besteigen, und machen danach auf der Spielwiese zwischen Weiher und

Turm ein Feuer für die, die gerne etwas braten wollen. Auf dem Rückweg gehen wir ins Schwimmbad. Wer uns auf unserer Reise durch Erde, Luft, Feuer und Wasser begleiten möchte, möge sich bitte ins Elternbüchlein eintragen.

Im Rucksack nehmen wir Essen, Trinken und Badesachen mit. Bitte auch an Kopfbedeckung und Sonnencreme denken. Geld brauchen die Kinder keines, und das Messer nimmt nur der Lehrer mit. Den genauen Tag in der nächsten Woche bestimmen wir mit Hilfe des Wetterberichtes. Sie erhalten Bescheid.

Zwölfter Rückblick

Auf unserer Schulreise haben wir eine ganze Reihe von Erd-, Wasser-, Luft- und Feuerproben bestanden. Als wir alle in die Glitzersteinhöhle hineingekrochen waren, machten wir die Taschenlampen und Kerzen aus und verharrten so in der Dunkelheit. Wir lauschten, ob uns die Erde etwas sagen wollte. Anschliessend fragte ich, wer in der Finsternis Angst gehabt habe. Wir waren natürlich alle mutig. Als wir nachher auf dem Aussichtsturm standen, pfiff uns ein frischer Wind um die Nase, der auch noch ein paar Mützen davonwirbelte; von Schwindeligsein war aber nicht die Rede. Das Braten war eine Angelegenheit unter Schornsteinfegern. Während einige Kinder Wasserfangis in Schuhen(!) machten, räumte Boris, der Schäferhund von Etienne, unter den Würsten auf. Wenn ich an die Reaktionen der wütenden Kinder denke, so glaube ich, dass mindestens Boris die Feuerprobe bestanden hat. – Im Bad gab es Mutsprünge ins ganz tiefe Wasser. Der Lehrer dankt den beiden Müttern, die mitgekommen sind, für die geduldige und hilfreiche Begleitung und Petrus für den Sonnenschein.

Elternabend. Das Thema für unseren nächsten Elternabend könnte, falls Sie einverstanden sind, aus dem beiliegenden Brief von Frau Schürholz gewonnen werden, den ich mit ihrem Einverständnis beilege. Frau Schürholz schickte ihn mir nach der Genesung von Nora.

„Lieber Herr Lehrer,

Ich danke Ihnen für die Zeit, die Sie sich genommen haben, um mit mir so lange am Telephon die Scharlacherkrankung meiner Tochter zu besprechen. Was ich von Ihnen gehört habe, war zum grössten Teil gerade das Gegenteil von dem, was unser Hausarzt mir als Anweisungen gegeben hatte. Meine Tochter ist zwar wieder gesund, aber ich bin etwas verwirrt. Was verstehen Sie unter ‚richtiger' und ‚falscher' Genesung? Zwar danke ich Ihnen für Ihre Bereitschaft, meiner Tochter bei dem Versäumten nachzuhelfen, doch verstehe ich auch nicht, warum sie noch zu Hause bleiben soll, wenn sie schon am dritten Tag kein Fieber mehr hatte. Dank des schnellen Eingriffs ist es unserem Hausarzt gelungen, die Krankheit so aufzufangen, dass Nora nicht einmal den so unangenehmen Hautausschlag bekommen hat. Und was hat Noras Aufmerksamkeit mit der Erkrankung zu tun? Sie hat ja keinerlei Komplikationen bekommen, nur dass sie eben jetzt ein wenig schlapp ist. Wen kann das wundern?

Ich weiss, dass Waldorfpädagogik ‚etwas anderes' ist als andere Erziehungsmethoden. Gibt es denn auch eine ‚Waldorfmedizin', die auch ‚etwas anderes' ist?

Ihre E. Schürholz"

Das Thema der Kinderkrankheiten hat schon einmal bei unserem zweiten Elternabend angeklungen. Nun ein Vorschlag dazu:

Ich möchte gerne zu unserem Elternabend Frau Dr. Rath einladen, die an diesem Thema besonders engagiert ist. Es ist sehr umfangreich, denn es beinhaltet nicht nur Fragen des *Krankseins* eines Kindes, sondern auch Fragen der kindlichen *Entwicklung*. Damit der Elternabend jedoch kein Vortragsabend wird, sondern einen Erfahrungsaustausch ermöglicht, lege ich Ihnen einen kurzen Artikel von Frau Dr. Rath bei, der eine Gesprächsgrundlage für unsere Zusammenkunft bilden könnte. Ich bitte um Ihre Meinungsäusserung.

Haben Kinderkrankheiten einen Sinn?
(Dr. med. Rath)

„Es gibt nur Einen Tempel in der Welt
und das ist der menschliche Körper."[9]

Wer mit Liebe sich über ein Kinderbett neigt, der vermag wahrzunehmen, wie beseelt der Raum *um* das kleine, zappelnde oder im ruhigen Schlaf versunkene Körperchen des Kindes ist, der kennt den im *Umkreis* schweifenden Blick des Neugeborenen, der sich bereits ein paar Wochen später auf einen *Punkt* fixieren kann. Nach zwei, drei Jahren sagt das Kind, das inzwischen *Gehen*, *Sprechen* und *Denken* gelernt hat, zum ersten Mal zu sich: ich. Während zwei weiteren Jahren kommt die Trotzphase: nein! Und weitere zwei Jahre später heisst es: „Tschüss! Ich gehe (weg) in die Schule."

Ein Weg aus dem unsichtbaren Umkreis zur eigenen Mitte hin, aus der heraus die Persönlichkeit sich stufenweise zu behaupten sucht.

Nichts bleibt den Eltern auf diesem Wege des Kindes erspart …

Schaut man abends in das Gesicht des schlafenden Kindes, meint man, darin mal seine eigene, mal die Gesichtszüge des Ehepartners oder gar diejenigen der Grosseltern zu erkennen … Auch dies nicht ewig. In verschiedenem Grade verschwindet im Laufe der Kindheit die Ähnlichkeit mit den Eltern, und eines Tages dürfen wir hören: „Wem ich ähnlich sehe? – Mir selbst!" Das Kind ist in die Pubertät eingetreten.

Am Ende dieser Entwicklung hat sich das Kind aus der *seelischen* Atmosphäre des Elternhauses herausgelöst und hat auch die *geistigen* Wertsysteme und Weltanschauungen der Eltern von sich abgeworfen. Das Kind hat den starken Drang, sich *seelisch-geistig* gegenüber den Eltern zu behaupten und zu befreien.

113

Einen ähnlichen *Befreiungsprozess* gibt es auch in bezug auf das *Leibliche*.

Es ist bekannt, dass der Mensch alle sieben Jahre seine Substanzen vollständig auswechselt: Der äussere Ausdruck des ersten Austausches ist der Abschluss der Zahnbildung um das siebte Jahr. Die Milchzähne werden nun im Laufe des Zahnwechsels durch die zweiten Zähne ersetzt.

Man ist heutzutage eher geneigt, den Befreiungsprozess des Unsichtbaren anzuerkennen – das Selbständigwerden des *Seelisch-Geistigen*. Die *leiblichen Prozesse* jedoch, die mit der trotzigen Behauptung: „Ich bin mir selbst ähnlich (geworden)" korrespondieren, sind in ihrer Dynamik nicht so bewusst. Als *einen* Bereich dieser Befreiungsprozesse könnte man die Kinderkrankheiten betrachten, in der Weise, dass man sie als stufenartige Krisen der Leiblichkeit in ihrer Entwicklung erlebt.

Unter *Kinderkrankheiten* versteht man eine Gruppe von Infektionskrankheiten, die sich mit Vorliebe im kindlichen Alter manifestieren und deswegen seit alters her unter diesen Begriff zusammengefasst werden. Früher hat man sie nicht so genau differenziert wie heute, man hat sie eher als Stufen von *einem* Vorgang angesehen.

Die *gemeinsamen Merkmale* der Kinderkrankheiten lassen uns an diese Ansicht anschliessen:

Bei allen Kinderkrankheiten handelt es sich um eine natürliche Durchseuchung der Kinder. Wenn nicht geimpft, so haben die meisten Kinder bis zum Eintritt in die Pubertät ihre Kinderkrankheiten absolviert. In diesem Alter verlaufen sie bei sonst gesunden Kindern in der Regel ohne Komplikationen. Zwei Symptome haben alle Kinderkrankheiten gemeinsam: *Fieber* und *Haut-* oder *Schleimhautausschlag* (oder *Entzündung* der Schleimhaut*drüsen*). Bei jeder Krankheit hat der Ausschlag sein eigenes „Gesicht" und seine eigene Dynamik der Ausbreitung. Während der Krankheit werden vermehrt Eiweisse abgebaut und ausgeschieden.

Findet die Ausscheidung nach aussen – über Haut und Schleimhäute – ungenügend statt (der Ausschlag erscheint nicht oder ist nur schwach angedeutet), so können Komplikationen auftreten: die Ausscheidung findet am falschen Ort – nach innen (in die inneren Organe) – statt.

Heute unterscheidet man sehr genau die einzelnen Kinderkrankheiten: Masern, Diphtherie, Keuchhusten, Windpocken, Röteln, Mumps und Scharlach, obwohl das im Hinblick auf die therapeutischen Massnahmen keine im wesentlichen differenzierten Konsequenzen hat. Man beschränkt sich im allgemeinen auf fieberunterdrückende Massnahmen und gibt Antibiotika, wenn es notwendig scheint.

Wenn nicht eine Impfung erfolgt ist, tritt die Disposition zu einer Ansteckung sehr individuell auf, und es ist auch nicht jedes Kind für jede dieser Infektionskrankheiten empfänglich. Im Säuglingsalter besteht eine gewisse Immunität durch die Mutter, wenn das Kind gestillt wird – das gilt allerdings nicht für den Keuchhusten –, später ist es auffallend, dass bei einer Infektionsmöglichkeit Geschwister zum Beispiel ganz unterschiedlich reagieren können.

Bei einem gesunden und lebensfreudigen Kind verlaufen die Kinderkrankheiten im allgemeinen ohne Komplikationen, wenn die entsprechende Pflege und Sorgfalt gewährleistet ist. Nach der überstandenen Krankheit hat sich das Kind sowohl leiblich wie auch seelisch-geistig verändert.

Unsere Leiblichkeit besteht – neben den Mineralien – aus Kohlehydraten, Fetten und Eiweissen. Die beiden ersten Substanzgruppen sind grundsätzlich bei allen Menschen ähnlich, nicht aber die Eiweisssubstanzen. Die „Unverträglichkeit" des menschlichen Leibes gegenüber ihm fremden Eiweisssubstanzen zeigt sich zum Beispiel in den Krankheitsbildern der Allergien, der sogenannten autoimmunen Krankheiten oder im Abstossen von transplantierten Organen. Die fremden Eiweisssubstanzen können von aussen durch die Ernährung oder durch Hautkontakt oder über die Atmung (Pollenallergie!) eindringen, und der Leib vermag es nicht, diese Substanzen so zu „verdauen", dass ihnen das dem Leib fremde Wesen genommen, abgebaut wird, oder der Leib baut selber falsche und ihm fremde Eiweisse auf. In dem Versuch, diese *Eiweisse auszuscheiden*, entwickelt sich das Bild der jeweiligen Krankheit.

Wie geht nun die neugeborene Individualität mit dem von den Eltern vererbten Leib um, der ja auch aus Kohlehydraten, Fetten und – Eiweissen besteht?

Der vererbte Leib ist ein *Modell-Leib*, der das Ergebnis der genetischen Kombination zwischen dem Erbgut zweier Vererbungslinien ist. So vollkommen diese Linien auch sein mögen, sie können niemals einen durch und durch passenden Leib liefern, weil jeder Mensch seine *eigenen* Eiweisse bilden muss. Eiweisse sind der *leibliche* Ausdruck des Allerindividuellsten im Menschen: seines ICH. Genauso wie das Ich des Kindes sich mit den Ichen der Eltern auf der seelisch-geistigen Ebene auseinanderzusetzen hat – und es auch tut –, genauso „kämpft" es auch mit der von den Eltern vererbten Leiblichkeit, indem es stufenweise die Substanzen dieser Leiblichkeit (und ganz besonders die Ich-spezifischen Eiweisse!) abbaut und – *seinem eigenen Wesen gemäss* – neue aufbaut.

Darum sei die besondere Aufmerksamkeit den *Fiebererscheinungen* geschenkt, weil *bei Fieber der Abbau von Eiweiss um das Mehrfache beschleunigt wird*. Es ist eine Tragik, dass über Jahrzehnte das Fieber als Symptom unterdrückt und in seiner Bedeutung als aktive Reaktion des Körpers im Aufbau seines Immunsystems nicht erkannt wurde. Fieber wurde – und wird immer noch – nicht als sinnvollste biologische Abwehrerscheinung des Leibes erkannt, sondern als lästige „Nebenerscheinung" – abgeschafft.

Es ist bekannt, dass bei hohem Fieber von 39–39,5 °C die Geschwindigkeit der Immunantwort auf einen Krankheitserreger mehrfach höher ist als bei subfebrilen Temperaturen von 37–37,5 °C. Aus *Furcht* vor den Gefahren eines hohen Fiebers (Krämpfe) verabreicht man fiebersenkende Mittel. Und wenn das Kind kein Fieber hat, so meint man, ist es doch eigentlich auch nicht mehr krank. Es kann sogar am dritten, vierten Tag nach Scharlachausbruch – weil fieberfrei – schon wieder in die Schule geschickt werden.

Es ist wie bei dem herzlosen Bauern, der seinem Pferd die Vorderbeine zusammenbindet, damit es auf der Weide nicht weit davonlaufen kann, und abends, wenn er das Tier in den Stall zurückführt, das arme Pferd, statt ihm die Fesseln abzunehmen, mit der Peitsche in den Stall treibt – eine wenig schöne Erinnerung aus meiner Kindheit. Fiebersenkende Mittel binden die „Arme" des Immunsystems. *Ohne Antibiotika und bei gelähmter Immunantwort (durch fiebersenkende Mittel) vermehren sich die Erreger ungestört und führen zu schwerem Gewebezerfall.*

Es bleibt die Frage, ob statt der fiebersenkenden Mittel nicht besser Antibiotika eingesetzt werden sollten. Antibiotika haben nur einen Einfluss auf Bakterien, nicht auf Viren, das heisst, primär ist es nur die Scharlachinfektion, die darauf reagiert. Bei den anderen Kinderkrankheiten ist es die Sorge vor sekundären Komplikationen, die zur Antibiotikatherapie führt. Die Anwendung von Antibiotika bei Scharlach hat die rasche Verringerung der Bakterien zur Folge und führt zu einer schwachen Immunantwort. Infolgedessen „gesundet" zwar das Kind recht bald, verfügt aber über keinen zuverlässigen Immunschutz. Ein Grund, warum Scharlach oft recht bald und eventuell mehrmals zurückkehrt.

Bei Fieber ist der gesamte Stoffwechsel, damit auch der Eiweissabbau, stark erhöht. Lässt man Fieberzustände im Kindesalter zu, so ist damit ein kräftiger Abbau der vererbten Substanzen des Modell-Leibes gewährleistet. Die Immunantwort des Kindes wird dabei verstärkt.

Heutzutage hat man Impfstoffe gegen alle Kinderkrankheiten entwickelt. Was geschieht bei der Impfung?

Die Immunantwort wird lediglich angedeutet. Das unreife Immunsystem des Kindes geht nicht durch den mehrfachen Prozess des „Durchtrainierens" und des Erstarkens. Als Resultat davon finden dann der Abbau und die Ausscheidung von Eiweiss nicht in genügendem Masse statt: *Die Individualität des Kindes muss sich mit dem vererbten Modell-Leib begnügen und abfinden,* und dadurch, dass sie nicht gründlich bis in das tiefste Stockwerk des Leibes eintauchen kann – in den Stoffwechsel, der die leibliche Grundlage unseres Willens bildet –, geht der Jugendliche durch das Leben wie „neben den Schuhen". Willensschwäche, Lebensunlust, fehlende Motivationen und körperliche Ungeschicklichkeit sind die Folgen, die durch ein verhindertes Ergreifen der Leiblichkeit in Erscheinung treten und an die Erziehung zusätzliche Anforderungen stellen.

Ein Aspekt, der zunehmend deutlich wird, ist der, dass Kinderkrankheiten aus ihren natürlichen Zeitabläufen herausgenommen werden, dann aber, ins Erwachsenenalter verschoben, mit beachtlich mehr Komplikationen verlaufen.

Dazu kommt, dass Impfstoffe Krankheitsprozesse „umdrehen" können und damit mehrfache Komplikationen mit schwersten Folgen verursachen, wie dies nach der Anwendung des ersten Masern-Impfstoffes in den USA exemplarisch beobachtet wurde.

Haben Kinderkrankheiten einen pädagogischen Wert?

Die doppelte „Befreiung" leiblicher und seelisch-geistiger Prozesse bildete den Ausgangspunkt dieser Betrachtung. Dass nur ein *individuell* umgestalteter *Leib* der Tempel sein kann, in den *Seele und Geist* für die entsprechende Inkarnation einziehen können, soll uns im weiteren beschäftigen.

Unbefangene Eltern wissen zu berichten …

*

Erlauben Sie mir, hier den Artikel abzubrechen. Den nächsten Teil des Artikels könnten wir gemeinsam gestalten, indem wir versuchen, „unbefangen" über unsere eigenen Erfahrungen zu sprechen.

Elternabend

Der Lehrer: „Liebe Eltern, wenn ein Zuhörerraum voll ist – wie heute unser Klassenzimmer –, so ist entweder der Redner gut, oder das Thema ist interessant. Oder beides? ..."

Frau Dr. Rath lacht: „... Oder die Einwände gegen den Artikel sind heftig ..."

Der Lehrer: „Na, laut Ihrer Fiebertheorie zeugt ja dies von guten Widerstandskräften und starker Abwehr gegenüber fremden ‚eiweisshaltigen' Meinungen ... Liebe Eltern, ich brauche Frau Dr. Rath sicher nicht weiter vorzustellen. Einige von Ihnen haben mir noch Blätter mit Fragen in die Hand gedrückt. Die möchte ich gleich weitergeben ..."

Frau Dr. Rath blättert durch die Zettel und lächelt: „Ja, da gibt es einige Fragen, die wären eine gute Einleitung ... Doch anfangen möchte ich mit dem Brief von Frau Schürholz, der ja den eigentlichen Anstoss zu diesem Abend gegeben hat. Sie schreibt: ‚Was verstehen Sie unter <falscher> und <richtiger> Genesung?' Man ist doch einfach froh, wenn man nicht mehr krank ist. – Doch ‚nicht mehr krank' ist nicht gleich ‚gesund'. Oft sagt man ‚beschwerdefrei'. Man ist weiterhin krank, aber man merkt es nicht. Unter Umständen kann das auch einmal ein Erfolg sein, aber nicht bei Kindern. Sie müssen ‚richtig' genesen, und das heisst *nach* der Krankheit gesünder sein als *vor* der Krankheit. Das ist doch unser Ziel.

Lassen Sie mich einen Vergleich gebrauchen. Der Prozess des Gesundwerdens ist etwas ähnlich den Hausaufgaben. Es gibt Kinder, die machen sie mühelos allein, anderen muss man helfen. Wie? Sie können natürlich dem Kind die Aufgaben abnehmen und sie selber für das Kind schreiben. Das tun Sie ja aber nicht. Sie schmunzeln ..., aber wenn man eine Krankheit ‚abbricht' – und das kann man heute –, dann macht man so etwas. In der Krankheit muss das noch unerfahrene Immunsystem des Kindes ‚Aufgaben lösen' und etwas Neues gestalten. Man spricht dann von der *Gedächtnis*fähigkeit des Immunsystems.

Ausserdem gibt es auch andere Beobachtungen, die man nicht ‚beweisen', aber ‚ahnen' kann. Bei der Geburt zieht die Seele in den ‚Tempel' der Leiblichkeit ein. Doch die Leiblichkeit des Neugeborenen ist nicht allein *seine eigene* Leiblichkeit, sie ist eine *vererbte* Leiblichkeit. Die Individualität hat daher den Wunsch und den Willen, diese vererbte Leiblichkeit so umzugestalten, dass sie ihrer eigenen Individualität auch entspricht. Erlauben Sie mir bitte einen ganz trivialen Vergleich: Wenn ich in ein Zimmer einziehe, führe ich ja auch meine eigene Ordnung ein. Das möchte Ihr Kind nun auch tun ... Doch gehen wir zuerst auf konkrete Fragen ein!

Man kann ja viel theoretisieren, aber wenn das Kind um Mitternacht 40° Fieber hat – und dies ist eine der Fragen –, was tut man da? Solche Nächte sind immer eine Mutprobe für die Mutter. Es ist auch eine Probe des Vertrauens – nicht nur zum Arzt, der anstelle eines fiebersenkenden Zäpfchens Zitronenwickel, Lindenblütentee und vielleicht pflanzliche Mittel verordnet hat, deren Wirksamkeit Ihnen nicht gleich deutlich wird, da die sonst üblichen Beipackzettel fehlen. – Kinderreiche Mütter verbringen solche Nächte zwar schlaflos am Kinderbett, aber mit vollstem Gottvertrauen und mit der Erfahrung, die sie bei ähnlichen Situationen sich schon erwerben konnten. Früher stand auch hinter der jungen Mutter die erfahrene Grossmutter. Heute ist die Mutter in dieser ersten ‚Fiebernacht' oft allein mit ihren Ängsten. Ärztlicherseits gehört zu der Diagnose und der Beurteilung der kindlichen Erkrankung auch die Einschätzung der seelischen Voraussetzungen der Mutter ..."

Frau Probst: „Ich habe nicht die Nerven, mein Kind mit 40° fiebern zu sehen, und ich kann ihm dann nicht helfen … *und was kann alles passieren!* Darum haben wir auch geimpft. Warum soll ich meinem Kind so eine Nacht nicht ersparen? Man sollte doch die Fortschritte der Medizin ausnutzen."

Frau Dr. Rath: „Für mich ist es ein Fortschritt, wenn man die Einsicht in den *Sinn* einer Krankheit gewinnt. Sie nehmen es mir hoffentlich nicht übel – aber es ist ja eine Sache der freien Entscheidung. Sie haben Ihre Ansichten, und Ihr Hausarzt muss sie in sein Handeln miteinbeziehen. Dadurch beeinflusst die Mutter die Art der Behandlung. Vielleicht sind sich die Mütter dessen nicht immer so bewusst. Man ist in dieser Sache frei … Die Ergebnisse haben aber schwerwiegende Folgen für den Patienten."

Frau Durer: „Aber was tut man, wenn das Kind geimpft ist? Wir wussten von all dem nichts, erfahren es erst jetzt. Hab ich mein Kind geschädigt? Und kann ich das noch gutmachen?"

Frau Dr. Rath: „Ich spreche jetzt von Zeiterscheinungen. Und diese gehen uns alle an, aber kommen nicht bei jedem zum Vorschein. Wenn ein junger Mensch mit zwanzig Jahren keine einzige Kinderkrankheit durchgemacht hat, dann betrachte ich dies als krankhaft. Aber es gibt viele Mediziner, die ganz anderer Meinung sind. Andererseits ist die Impfung noch keine Garantie, dass das Kind nicht erkrankt. Die Krankheit kann auch noch in einem späteren Alter auftreten."

Frau Werli: „Unser Kind ist gar nicht geimpft und hat eigentlich bis jetzt keine Kinderkrankheiten bekommen. Was sagen Sie dazu?"

Herr Treicher: „Gegen was soll man impfen und gegen was nicht?"

Frau Dr. Rath (zu Frau Werli): „Ja, aber warum haben Sie denn Ihr Kind nicht impfen lassen? Hat Ihnen der Arzt abgeraten?"

Frau Werli: „Oh, im Gegenteil! Er hat sogar … geschimpft: Ich sei verantwortungslos und so ähnliches. Er soll nur reden … Ich habe es nicht getan, weil eine Cousine von mir in Amerika an einer Masernimpfung gestorben ist. Ein Nachbarkind hingegen ist ungeimpft mit acht Monaten an Masern erkrankt und bekam dann eine Gehirnhautentzündung; es ist zwar am Leben geblieben, aber seither ist es schwachsinnig. Da weiss man ja gar nicht mehr, was richtig und was falsch ist … Doch ich habe mich entschlossen, sollte ich mal Kinder haben – damals hatte ich noch keine –, so mache ich das mit den Impfungen nicht mit. Sollte mal was Schlimmes passieren, so durch Gottes Hand und nicht durch menschliche …"

Herr Furer (leise, doch so, dass es alle hören): „Rezept nach Grossmutters Art …"

Frau Dr. Rath: „Da erinnern Sie mich an etwas. Es ist ja auch diese Frage noch unbeantwortet: Was heisst es, dass Impfungen den Krankheitsablauf umkehren? Ich habe dies ja im Artikel erwähnt. Es ist zwar eine traurige Geschichte, doch ich will sie erzählen.

Vor etwa dreissig Jahren wurde in den USA ein Impfstoff gegen Masern entwickelt.[10] Er wurde *obligatorisch* einge-

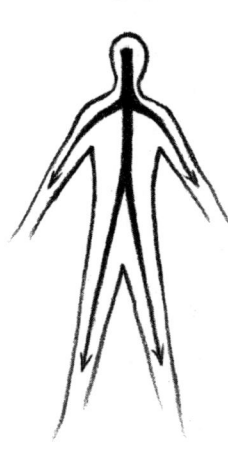

führt. Nach einer etwa dreijährigen Erfahrung musste man feststellen, dass die Impfung die Masernerkrankung der Kinder nicht vorbeugen konnte und dass die geimpften und trotzdem erkrankten Kinder eine mehrfach höhere Komplikationsrate hatten als die nicht geimpften Kinder. Danach hat man den vorher obligatorischen Impfstoff verboten. Doch an diesem Unglück hat man etwas sehr ‚Wichtiges‘ beobachten können. In meinem Artikel habe ich betont, wie wichtig es ist, dass der Hautausschlag zustande kommt und dass er *die richtige Richtung* nimmt: bei den Masern vom Kopf bis zu den Füssen.

Dieser ‚Verwandlungsimpuls', der im Kopf anfängt, wird zur Peripherie abgeleitet. Bei den in den USA geimpften und trotzdem erkrankten Kindern ist der Hautausschlag in *umgekehrter Richtung* erschienen: zuerst in der Peripherie und danach zum Kopfe hin.

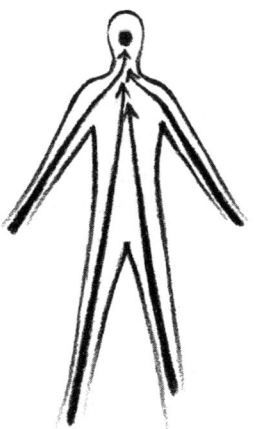

Und es kam zu einer ungewöhnlich hohen Komplikationsrate. Etwas Ähnliches kann – wenn auch selten – bei einem gewöhnlichen Masernverlauf auch passieren.

Komplikationen treten meistens dann auf, wenn der Hautauschlag zwar am Kopf angefangen hat, doch nicht die ‚Kraft' aufbringt, um sich über den ganzen Körper auszubreiten, oder er kommt überhaupt nicht über die Haut nach aussen. Wenn der Ausschlag nicht hinunter- oder hinausgeht, dann muss man ihn holen. Das ist das Richtige und – Gesundende. Also wenn der Ausschlag nicht herauskommt, so machen Sie Wickel oder Bäder an den Unterarmen und Unterschenkeln – zum Beispiel mit Senf oder Salz –, dann kommt der Ausschlag heraus. Es ist etwas bildhaft und nicht wissenschaftlich ausgedrückt: Wenn der Ausschlag nicht auf die Haut kommt, dann kann es sein, dass er in die Lunge oder ins Gehirn zurückschlägt. Dann hat man die Komplikationen.

Ist der Ausschlag da, so erweckt der Anblick des Kindes den Eindruck, als ob ‚das Blut auf der Haut ausgeschlagen hätte'.

Rutscht der Ausschlag vom Kopf über den Rumpf bis zu Händen und Füssen, dann tritt im Gesichtsausdruck des Kindes eine Entspannung ein. Wenn der Ausschlag ausbleibt, dann nimmt man eine Spannung wahr, und vor der darf man Angst haben. Dann kann man Komplikationen befürchten, und man muss mit der Therapie eingreifen.

Inzwischen gibt es andere und bessere Impfstoffe. Gegen was soll man impfen? Halten wir fest, dass das Kind die Kinderkrankheiten für seine Entwicklung braucht. Und gegen diese sollte man in der Regel nicht impfen; aber es gibt Fälle, wo eine Impfung angezeigt ist. Es sollte aber jedesmal *individuell* entschieden werden. Ich empfehle Ihnen dazu, einmal die Ausführungen in dem Buch ‚Kindersprechstunde'[11] nachzulesen.

Frau Durer: „Könnte man die Impfungen nicht auch durch eine gesunde Ernährung ersetzen?"

Frau Dr. Rath: „Ersetzen ist wohl nicht ganz das richtige Wort. Denn für die gesunde Entwicklung des Kindes sind Kinderkrankheiten mindestens so unentbehrlich wie die gesunde Ernährung selbst. Sehr wichtig ist aber die Art der Ernährung während der Krankheit. Ich möchte jetzt nicht fragen, wie Sie Ihre Kinder ernähren, wenn sie krank sind, denn die meisten Mütter machen es leider – falsch. Die guten, alten Hausrezepte hat man vergessen. Die waren nämlich wirklich gut: Die Kinder ‚durften' fasten und sollten viel Tee trinken. Niemand war so instinktlos, einem kranken Kind – durch liebevolle Ablenkung – Nahrung aufzuzwingen. Das *gesunde* kranke Kind, das immer noch über einen Ernährungsinstinkt verfügt, verweigert nämlich jegliche Nahrung. Ich nehme an, dass aus dem Artikel die Bedeutung der Eiweissfrage im Bewusstsein geblieben ist. Denn daraus ergibt sich die wichtigste Diätanweisung: Keine Eiweissnahrung bei Fieber! Der Eiweissstoffwechsel ist ohnehin im ‚Stress'. Darum sollte man ihn entlasten. Man gibt viel zu trinken – zum Beispiel Lindenblütentee –, um sowohl das Schwitzen zu begünstigen und damit auch das Fieber zu senken als auch die Nierentätigkeit anzuregen und damit die Ausscheidung der Eiweissabbauprodukte zu fördern."

Der Lehrer: „Da sind noch ein paar Fragezettel eingetroffen, Frau Doktor. Vielleicht können Sie die Fragen nochmals gruppieren und vorerst diejenigen, die den rein medizinischen Aspekt berühren, abschliessend beantworten. Es wurde ja der Wunsch geäussert, dass wir wieder in Gesprächsgruppen arbeiten."

Frau Dr. Rath: „Ja gut. Da wäre die Frage der Anstekkungsgefahr. Erlauben Sie mir aber die Frage: Gibt es unter Ihnen kinderreiche Familien, so mit vier bis fünf Kindern?"

Der Lehrer: „Frau Werli, bitte! Frau Werli ist nämlich Mutter von sechs Kindern und hat noch die Tochter von ihrer verstorbenen Freundin adoptiert."

Frau Dr. Rath: „Frau Werli, sagen Sie uns doch bitte: Wie ist es mit der Ansteckung bei so vielen Kindern?"

Frau Werli: „Ja, es kann recht merkwürdig sein. Wenn ein Kind erkrankt, sind gleich noch zwei oder drei auch krank, aber eben nicht alle. Bei den Windpocken waren alle zusammen soweit. Aber bei den Masern, da waren mal zwei krank, und alle anderen – obwohl sie nicht geimpft waren – blieben gesund – bis zur nächsten Welle. Und diese brachte nämlich unsere Adoptivtochter Adelin, die gegen Masern geimpft war. Bei ihr konnte der Arzt gar nicht so richtig feststellen, was mit ihr los war. Sie hatte erhöhte Temperatur und bekam ein Antibiotikum. Eine Woche später waren zwei der Kinder an Masern erkrankt; und dann erst wusste ich, was mit Adelin die Woche davor gewesen war. Aber das Antibiotikum hatte sie leider schon gehabt ..."

Frau Dr. Rath: „Ja, viel ist da nicht hinzuzufügen. Sie sehen, die Kinder holen sich etwas dann, wenn sie es brauchen. Ich möchte eine Geschichte, meinen eigenen Sohn betreffend, erwähnen: Ich wurde einmal von einer Nachbarin gebeten, ihr Kind anzuschauen, es hatte einen Hautausschlag bekommen. Ich konnte nur die Vermutung der Mutter bestätigen – es waren Windpocken. Da ich gerade zu dieser Zeit Urlaub hatte, dachte ich, es wäre günstig, dass mein damals knapp zweijähriger Sohn die Windpocken durchmachte, wo ich sowieso zu Hause war. Ich liess die Kinder einen ganzen Nachmittag zusammen spielen. Mein Sohn bekam die Windpocken – viereinhalb Jahre später, als ich gerade keinen Urlaub hatte ... – Ja, da kommt eine Frage."

Frau Probst: „Keine Frage, ich möchte nur erwähnen, dass ich mit meinem Sohn zusammen, er im Alter von fünf Jahren und ich mit dreiundddreissig, an Mumps erkrankt bin. Das Kind war nach etwa sechs Tagen gesund, ich war es auch nach sechs Wochen noch nicht. Ich bin zwar ein Laie, aber ich denke, dass man durch Impfungen ‚Kinderkrankheiten' verschiebt und dass sie dann im Erwachsenenalter sehr viel komplizierter auftreten ..."

Frau Schärer: „Aber die Kinder versäumen so viel. Wenn ich daran denke, dass man bei Scharlach, wenn man kein Antibiotikum gibt, wochenlang zu Hause bleiben muss ... Das weiss ich noch von meinem Grossvater, der Arzt war. Die Kinder sind natürlich immer froh gewesen, wenn sie nicht in die Schule mussten. Doch damals hat man auch nicht so intensiv lernen müssen. Was meinen Sie dazu?"

Frau Dr. Rath: „Aber wenn man damals den Scharlach durchgemacht hat, dann war man auch immun gegen weitere Erkrankungen. Heute machen die Kinder den Scharlach meistens ein paarmal durch. Ich pflege die Mütter zu fragen, welche ‚Genesungsvariante' sie bevorzugen. Leider gibt es viele Mütter, die zwar ihrem Kinde gerne die ‚langsame' Variante gönnen würden, doch weil sie selber berufstätig sind, können sie es sich nicht ohne weiteres leisten. Es gibt freilich auch Mütter, die einfach keine Geduld haben. Deshalb braucht es ein gründliches Gespräch. Zu den Schulversäumnissen kann ich mich gar nicht äussern. Herr Lehrer, wie werden Sie damit fertig?"

Der Lehrer: „Dazu müsste ich schildern, wie die Kinder nach einem ‚Abbruch' der Krankheit in die Schule kommen.

Sie sind zwar da, aber es wäre mir fast lieber, sie wären nicht da – so schwierig können sie sein. Wochenlang fallen sie durch Zappeligkeit – oder auch Schlaffheit – und durch ihre verminderte Konzentrationsfähigkeit auf. Oder sie sind einfach ‚schlechter Laune‘. Ähnliches ist mir nach Impfungen aufgefallen."

Herr Durer: „Raten Sie die Impfungen immer und jedem ab?"

Frau Dr. Rath: „Nein, ich rate niemandem die Impfungen ab. Ich nehme mir die Zeit, um klarzustellen, was der eine und was der andere Entschluss mit sich bringt. Wenn die Eltern wirklich verstehen, worum es geht, dann können sie sich entscheiden. Und dieser Entscheid bestimmt mein weiteres Handeln."

Frau Durer: „Könnten Sie uns nicht doch ein paar gute Hinweise für die Behandlung der Kinderkrankheiten geben?"

Frau Dr. Rath: „*Die* Hinweise gibt es nicht. Ich hatte einen Professor, der pflegte zu sagen: ‚Werte Kollegen, es gibt in der Medizin ein paar Regeln, und – jeder Patient ist eine Ausnahme.' Jede Behandlung ist ganz *konkret* und ganz *individuell*, und dazu gibt es meistens einige Alternativen. – Nun hat der Lehrer über die Arbeitsform noch einen Wunsch, oder?"

Der Lehrer: „Der Wunsch war, dass wir uns wieder in Gruppen verteilen. Unsere Arbeitsfrage lautet: Wie erleben wir das Kind nach einer Kinderkrankheit? Wir wollen positive wie auch negative Eindrücke zusammentragen und treffen uns nachher wieder im Plenum."

*

Der Lehrer zog sich zu einer Tasse Tee zurück. Die nächste Gesprächsrunde musste er ja führen. Er wusste wohl, dass er nicht die wissenschaftlichen Kenntnisse dazu hatte, um den Eltern das zu sagen, was ihn bewegte: Mütter und Väter, um eurer Kinder willen, lasst sie krank werden, lasst sie an den Kinderkrankheiten *erstarken*! Wie oft liegen gerade im Paradoxen die grössten Wahrheiten. Er konnte es nicht „belegen". Frau Dr. Rath könnte es, doch sie war ihm bisher an diesem Abend irgendwie zu „grosszügig". Er wusste, dass die Kinder nach jeder richtigen Kinderkrankheit immer besser dran waren als vorher. Aber wie sollte er das beweisen? Jetzt waren seine Zöglinge in der ersten Klasse. Viele waren zwar schon geimpft, aber es gibt doch noch viele Chancen. Wenn man jedem Kinde die Chance geben könnte, fiebern zu dürfen … Wie sollte er die Eltern überzeugen? Wo war die Freiheit? War es Freiheit, das eigene Kind aus Angst und Vorurteilen in seiner Entwicklung zu beeinträchtigen? Diese „Bleichgesichter", die nach drei Tagen in die Schule kamen, seelisch und leiblich „herumhängen", mit müden und schweifenden Augen. Er hatte doch diesen Abend nicht gemacht, damit unverbindlich „Meinungen ausgetauscht würden", sondern um die Eltern zu einer neuen Einsicht zu bringen.

„Das Schicksal wartet", in der Tür stand die Ärztin. Der Lehrer fuhr jäh aus seinen Gedanken hoch.

„Schicksal?" wiederholte der Lehrer, der sie nicht gleich verstand.

„Ja, das Schicksal übersieht niemand", betonte die Ärztin liebenswürdig und holte den Lehrer in das Klassenzimmer zurück.

*

Die Eltern waren etwas aufgewühlt. In der Gesprächsrunde war offensichtlich bei vielen am Fundament gerüttelt worden, und es brauchte eine Weile, bis sich im Klassenzimmer Ruhe einstellte.

„Meine lieben Eltern! Nun muss ich zugeben, dass ich gespannt bin. Frau Probst, wollen Sie vielleicht anfangen?"

Frau Probst: „Also in unserer Gruppe war es eigentlich recht bunt mit den Erfahrungen; es ist schwierig zusammenzufassen. Diejenigen, die zwei und mehrere Kinder zu

Hause haben, konnten mehr sagen. Aber auch da waren die Beobachtungen ganz unterschiedlich. Eine ist wohl ganz in Ihrem Sinne: Die Kinder hatten nach überstandenen Fiebererkrankungen einen erstaunlich guten Appetit bekommen. Für eine Mutter ist dies natürlich *das* Geschenk. Und ein Kind, das vorher ungern in die Schule gegangen war, war nach seiner Erkrankung sehr gesprächig und begann von der Schule zu erzählen, was es vorher nie getan hatte. Meine eigene Erfahrung geht leider nicht in diese Richtung: Mein Sohn war quarrig und ist quarrig – obwohl er Röteln und auch Windpocken durchgemacht hat. Gegen die anderen Kinderkrankheiten ist er ja geimpft worden. – Die Mutter von Lea berichtete, dass ihre ältere, schon fünfzehnjährige Tochter nach jeder der drei Scharlacherkrankungen einen immer schlechteren Appetit bekam, und mit den Schulleistungen sei es nur bergab gegangen."

Die Mutter von Lea: „Aber mit Lea will ich es nun wirklich anders versuchen."

Frau Probst: „Ronalds Mutter hatte etwas Interessantes zu berichten, aber vielleicht erzählen Sie das lieber selber."

Ronalds Mutter: „Ich stricke doch so gern und wollte dies auch meiner Tochter beibringen – sie ist Ronalds ältere Schwester. Ein hoffnungsloses Unterfangen! Alle meine Geduld brachte mir keine Rosen. Sie war ungeschickt, und es machte ihr keinen Spass; es ging eben nicht. Dann bekamen beide Kinder Windpocken und die Tochter anschliessend noch Masern und Scharlach zusammen. Da erlebt man einiges. In der dritten Woche sah ich sie plötzlich mit dem Strickzeug in der Hand, ganz von sich aus. Nun, ich hätte nie gedacht, dass dies irgendwie etwas mit den Kinderkrankheiten zu tun haben könnte."

Der Lehrer: „Na, das ist ja Wasser auf meine Mühle. Ich muss zugeben, dass ich mit diesem Thema sehr leidenschaftlich verbunden bin. Und was hat denn die nächste Gruppe zu berichten?"

Frau Heine: „Wir sind eine Gruppe von fünf Müttern und drei Vätern gewesen. Die Männer konnten nicht sehr viel berichten, aber drei der Familien wohnen auf Höfen, und da kam es auf einmal zu einer gemeinsamen Beobachtung: Einige dieser Kinder von den Höfen waren in den Vorschuljahren immer wieder krank gewesen: Husten, Schnupfen – immer wieder. Als die ältesten in die Schule kamen und Kinderkrankheiten mit nach Hause schleppten und nachdem dann alle krank wurden, war es mit dem ständigen Kränkeln der Jüngeren aus. Dann war noch eine Erfahrung: Der Vater selber hatte in der Kindheit eine Nierenentzündung nach Scharlach gehabt, und dasselbe passierte auch seinen Kindern nach dem Scharlach. Ich habe allerdings vor langer Zeit gehört, dass es auch umgekehrt sein kann: dass es irgendeine unheilbare Nierenkrankheit gibt, die nach Masern wieder ausheilen kann. Gibt es so etwas?"

Frau Dr. Rath: „Ja, das nephrotische Syndrom, aber auch von Ekzemen und Asthma wird das berichtet."

Der Lehrer: „Und die dritte Gruppe? – Ja, da muss ich mich nun aber entschuldigen, da ich leider versäumt habe, Herrn Dr. med. Zuber vorzustellen. Möchten Sie berichten?"

Herr Dr. Zuber: „An sich hatte ich dies nicht vor, aber ich will den Wünschen meiner Gruppe entsprechen und es tun. Ich muss gestehen, dass ich mit Ihren Ideen etwas Mühe habe. Wenn in meiner Praxis eine Mutter die Impfungen ablehnt, dann muss ich warnen. Und ich kann auch nicht anders als einem Fieberkrampf mit allen modernen Mitteln vorbeugen. Es muss ja nicht tagtäglich passieren, aber wenn einmal nach hohem Fieber eine Kinderepilepsie einsetzt, dann macht man sich jahrelang Vorwürfe – und man bekommt sie auch von aussen, unter Umständen mit Folgen. Also so ein Risiko kann ich meinen Patienten nicht zumuten. Ich finde überhaupt die Art, Medizin mit Pädagogik zu vermischen, etwas fragwürdig. Wenn die Ärzte ihre Arbeit verrichten und die Lehrer die ihrige, dann sollte es doch unseren Kindern gutgehen. Alles andere empfinde ich als Dilettantismus. (Zum Lehrer:) Ich weiss nicht, wie Sie das verantworten. Ich habe Sie bisher als Lehrer geschätzt und tue es immer noch, und darum bin ich etwas überrascht …"

Der Lehrer: „Ja, aber aus diesem Grund habe ich Ihre Kollegin Frau Dr. Rath gebeten, hier zu sein, und man sieht eben, dass die Medizin heute nicht nur nicht einheitlich, sondern sogar stark polarisiert ist. In der Pädagogik ist diese Polarisierung noch versteckter.

In Anbetracht der späten Stunde möchte ich nochmals das Wort Frau Dr. Rath geben, bevor wir den Abend schliessen."

Frau Dr. Rath: „Das meiste dessen, was wirklich beobachtet werden kann, wurde bereits beschrieben. Ist es *wirklich* widersprüchlich? Ich meine nicht. Denn gerade dort, wo eine negative Erfahrung mit den Kinderkrankheiten vorliegt – jetzt bezüglich des Pädagogischen –, haben wir den Fall des ‚Steckenbleibens im Krankeitsgeschehen'. So, wie die Krankheit im *Leiblichen* unvollständig abgelaufen ist, so kann es dann zu einem *seelischen* ‚Steckenbleiben' beitragen. Und gerade dies ‚beweist' uns, dass es sich bei den Kinderkrankheiten um leibliche und seelische Prozesse im Sinne der Entwicklung handelt. Und für dieses Steckenbleiben sind unsere weltanschaulich bedingten Massnahmen verantwortlich. Die daraus entstehenden erzieherischen Schwierigkeiten haben die Eltern eben dann mit dem Lehrer zusammen zu lösen. Ich danke Ihnen für Ihre rege Teilnahme."

„Es bleibt mir, den Abend zu schliessen, und ich muss sagen, dass ich dies nicht so ganz in objektiver Gelassenheit tun kann. Zu viele Kinder sah ich in den drei Jahrzehnten meiner Schultätigkeit, die an der Art, wie die Kinderkrankheiten ‚wegbesorgt' wurden, zum Teil sogar unsäglich gelitten haben, weil sie ihre biographisch notwendigen Infekte nicht regulär durchmachen konnten. Ich habe zwar darüber keine wissenschaftlichen Untersuchungen betrieben, aber ich habe es gesehen und erlebt.

Ich hoffe, dass wir heute abend wenigstens zu der Einsicht kommen konnten, dass eine Impfung nicht unbedingt eine Komplikation ausschliesst und dass wir mit Nebenwirkungen rechnen müssen, die vielleicht nicht sogleich offenbar werden.

Mehr habe ich nicht zu sagen und möchte den Abend schliessen mit meinem grossen Dank für die medizinischen Ausführungen und für Ihre engagierte Beteiligung."

Dr. Zuber: „Sie haben heute abend das Berufsbild des Arztes so hingestellt, als ob nur das die ‚wahren Medizinmänner' sind, die das Risiko der Kinderkrankheiten ohne Impfen bejahen. Das mag für Sie als Nichtmediziner, der Sie die Risiken in den individuell unterschiedlichen Situationen fälschlicherweise verallgemeinern, verständlich sein. Für das Berufsethos eines Arztes ist Ihre Sichtweise natürlich kein Kriterium. Es ging mir nur zum Schluss noch um diese Richtigstellung. Danke."

„Ich bin zwar kein Mediziner, aber ich hatte mit den Folgen von Kinderkrankheiten in meinem Leben viel zu tun. – Nun, ich bitte, lassen wir den anstrengenden Abend heiter ausklingen! Besonders bitte ich Herrn Dr. Zuber, dass er mir zum Abschluss eine Anekdote nicht verübeln möge.

Vielleicht ist sie wahr, vielleicht gut erfunden, ich weiss es nicht, ich war ja damals noch nicht auf der Welt. Man erzählte mir, dass, nachdem einer meiner Urahnen, ein Schotte, seinen letzten Atemzug getan hatte, der Arzt um die Krankenstatt herumging und, wie es sich gehört, meiner Urahnin zu dem Weggang meines Urahns George kondolierte. Dieser aber, nur scheinbar tot, nahm alle seine Energie zusammen und protestierte mit Grabesstimme: ‚I have not yet passed away!', was auf deutsch heissen würde: ‚Ich bin ja noch gar nicht gestorben.' Meine Urahnin aber wies ihn brüsk zurecht: ‚Well George, you better be quiet. The doctor knows it a lot better than you.' – ‚Also Georg, es wäre besser, du schwiegest. Der Doktor weiss es schliesslich viel besser als du.'"

Der Inkarnationsvorgang und die Linkshändigkeit

Die Frage, ob ein Kind auch mit der linken Hand schreiben darf, wurde in der Zeit unserer Grosseltern strikt verneint. Rechts war sogut wie *recht* und *richtig,* und eine Arbeit *mit links* machen war un-*richtig.* Heute handhabt man dieses Problem etwas liberaler und lässt ein Kind auch links schreiben. Das hat verschiedene Gründe. Einer davon ist der, dass man gelernt hat, zuallererst die Veranlagung, die ein Kind mitbringt, zu respektieren, anstatt es gleich mit aller Strenge – auch wenn sie gutgemeint war – auf den „rechten" Weg zu bringen. Hatten früher manche Kinder vor dem ersten Schultag schon deswegen Angst, weil sie Linkshänder waren, so hat die derzeitige Regelung mindestens den Vorteil, dass dieser Druck wegfällt.

Allerdings hat dieses Problem, wenn man es überhaupt ein Problem nennen will, einen menschenkundlichen Zusammenhang, und man sollte es nicht nur unter dem Gesichtspunkt „jeder hat dasselbe Recht" behandeln. Es besteht sonst die Gefahr, dass man ein Kind nicht zum richtigen Zeitpunkt in seiner Entwicklung unterstützt. Es soll damit gewiss nicht einer Umstellung auf die rechte Hand von vornherein „recht" gegeben werden – sie kann genauso problematisch sein wie das Belassen der Linkshändigkeit. Gerade hier ist ein differenziertes Eingehen auf die Besonderheit jedes einzelnen Kindes geboten.

Von Anfang an sei klargestellt, dass das linkshändige Kind keineswegs als unbegabt oder dumm angesehen werden darf. Das widerspräche allen Erfahrungen. Viele bedeutende Persönlichkeiten waren oder sind Linkshänder, wie zum Beispiel Alexander der Grosse, Michelangelo, Leonardo da Vinci, Beethoven, Picasso und einige US-Präsidenten. Es geht vielmehr darum, dass ein Lehrer die Augen nicht verschliessen darf, wenn er bei einem Kind eine Eigenschaft bemerkt, die eine besondere Zuwendung erfordert.

So ist es wichtig, dass der Lehrer mit liebevoller Hand manchen seiner Linkshänder über die Klippen der Legasthenie hinweghilft – ein Gebiet, auf dem eine Häufung linkshändiger Kinder zu beobachten ist. Ausserdem muss er ein Verständnis entwickeln für ihre Unruhe und Zappeligkeit; sie werden durch Zurechtweisungen meistens nur noch zappeliger. Schliesslich sollte er auch ein wachsames Auge auf sie haben, weil die Unfallgefahr bei ihnen grösser sein kann als bei dem Rest der Klasse. Im Sprachgebrauch kommt das als „linkisch" im Sinne von ungeschickt zum Ausdruck. In seinem späteren Leben wird sich der Linkshänder mit der auf die rechte Hand orientierten Maschinenwelt auseinandersetzen müssen, in der Schule hilft man ihm mit der Füllfeder und der Schere, die speziell für Linkshänder eingerichtet sind.

Linkshänder neigen im Schreiben, Lesen und Sprechen zu einer Entwicklungsverzögerung, die sich später wieder ausgleichen kann, aber sie brauchen daher etwas mehr Geduld und guten Zuspruch.

Sehr oft tendieren sie dazu, die Buchstaben sehr eng ineinander zu schreiben und die ganze Schrift in eine extreme Vor- oder Rücklage zu bringen. Die damit verbundene Unleserlichkeit führt zu orthographischen Schwierigkeiten oder im Rechnen zu falschen Ergebnissen. Nicht jedes linkshändige Kind ist davon in gleicher Weise betroffen, es ist aber gut, wenn seine Erzieher um solche Schwierigkeiten wissen, weil sie sonst die notwendige Hilfe unterlassen könnten.

Linkshänder bereiten aber nicht nur zusätzliche Mühe, sie können auch viel Freude machen. Beim Malen mit Wasserfarben sind es häufig gerade die Linkshänder, die innere Farbenklänge auf das Papier zaubern, die uns begeistern können. Dagegen hat der Rechtshänder eher die Fähigkeit, eine äussere Bildwahrnehmung zeichnerisch zu erfassen. Meistens gleicht sich dieser Unterschied zwischen den Links- und Rechtshändern schon im Laufe der ersten Schuljahre aus.

Der Inkarnationsvorgang braucht Widerstand

Menschenkundlich versuchen wir, den Hintergrund der Linkshändigkeit so zu verstehen wie bei den Kinderkrankheiten. In beiden Fällen geht es um den Inkarnationsvorgang. Bei den Kinderkrankheiten ist es die Umwandlung des Modell-Leibes bis in die Substantialität, bei der Linkshändigkeit handelt es sich darum, wie dieser Leib im dreidimensionalen Raum ergriffen wird, also eine Entwicklung in der Bewegung. Man sieht dies deutlicher, wenn man nicht nur die Ebene rechts/links in Betracht zieht, sondern auch die Raumesebenen oben/unten und hinten/vorne mit dazu nimmt.

In diese drei Ebenen tastet sich das Kind hinein, wenn es laufen lernt. Da setzt ihm der „eigene" Leib einen Widerstand entgegen, mit dem es erst allmählich umzugehen lernt. In dieser Hinsicht kann man sowohl die Kinderkrankheiten wie das Ergreifen des Leibes, der sich im Raum orientieren lernt, als Inkarnationsvorgänge verstehen. Nur kommen sie auf verschiedene Art zustande: einmal durch heftige Fieberschübe, zum anderen durch sich wiederholendes Erüben der Bewegungsfähigkeit.

Ein vergleichender Blick ins Tierreich zeigt, dass sich dort Fortbewegung und Leibesbildung miteinander entwickeln. Ein Lämmlein, gerade geboren, hüpft sogleich auf der Weide herum; ein Vogel, sind ihm die Federn gewachsen, kann fliegen, ein Fisch schwimmen: Eine Überwindung des Körperwiderstandes entfällt ebenso wie das Durchmachen akuter Fieberkrankheiten. Beim Menschen bedarf es aber des Widerstandes, durch den die Individualität sich erkräftigt. Aus dieser Situation ergibt sich die Fragwürdigkeit, *generell* Kinderkrankheiten zu verhindern und Linkshändigkeit zu belassen.

Es scheint vielleicht übertrieben, dass das Ergreifen der drei Raumesrichtungen so stark betont wird; es mag wichtiger erscheinen, dass ein Kind überhaupt gehen gelernt hat. Für den Pädagogen sind jedoch diese drei Ebenen eine wichtige Voraussetzung für die Ausbildung des Denkens, Fühlens und Wollens. Sie sind nämlich nichts anderes als eine Weiterentwicklung der Kräfte, die zum Ergreifen der Raumesebenen geführt haben. Bereits in dem früheren Kapitel „Liebe Eltern" wurde an drei Beispielen aus der plastischen Kunst der griechischen Antike gezeigt, wie mit der Betonung der jeweiligen Raumesrichtung der fortschreitende Inkarnationsprozess sichtbar wird.

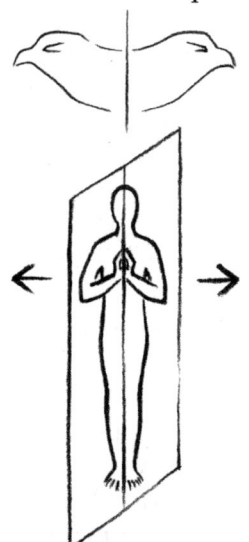

Raumesdimensionen und Seelenkräfte

Rudolf Steiner geht auf die drei Seelenfähigkeiten Denken, Fühlen und Wollen im Zusammenhang mit den Raumesdimensionen näher ein[12] und schildert sie etwa folgendermassen:

• Die Symmetrieebene (Sagittalebene) trennt den Menschen in eine rechte und eine linke Hälfte. In ihr liegt die Ebene des unterscheidenden Denkens.

• Die horizontale Ebene trennt das Oben von dem Unten. Man fühlt in dieser Ebene, wenn man die Arme waagerecht – mit den Handflächen nach unten – seitlich ausstreckt, wie darüber und darunter „das Hoch und Tief" des menschlichen Fühlens lebt.

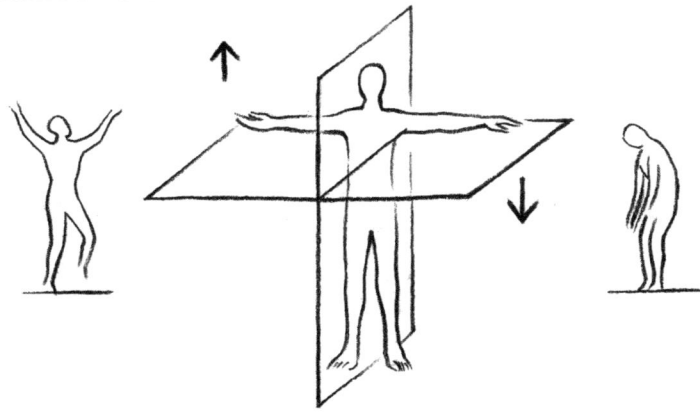

• Die frontale Ebene trennt das Vorne von dem Hinten. Wenn man die Arme wiederum waagerecht, aber mit den Handflächen nach vorne, seitlich ausstreckt, kann man erleben, wie der Wille durch diese Ebene von hinten nach vorne und von vorne nach hinten wirkt.

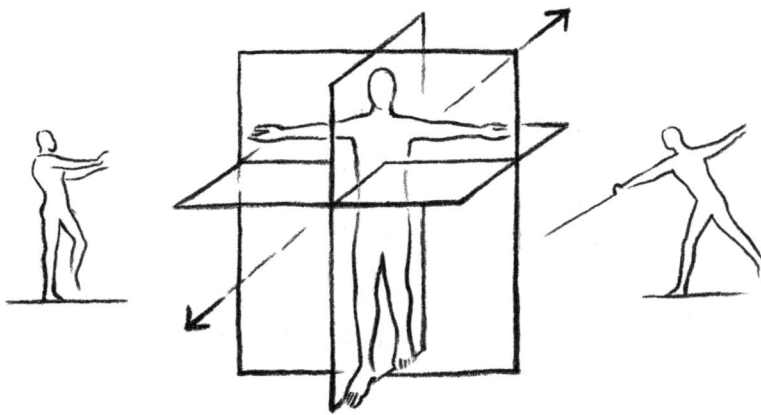

137

Denken, Fühlen und Wollen sind wesenhafte Kräfte, die in den drei Raumesebenen leben und sich durch unsere Gestalt offenbaren.

Deutlich wird das aber erst am Erwachsenen, der sich voll inkarniert hat. Das Kind ist auf dem Weg dahin.

Die psychomotorische Entwicklung

Das Neugeborene ergreift unsere Herzen durch seine vollkommene Hilflosigkeit. Die Raumesebenen spielen noch keine Rolle. Es schweift mit seinem Blick durch den Raum und erweckt den Eindruck, dass es nicht einmal seine Mutter erkennt. Die erste räumliche Bewegungsleistung des Säuglings ist, dass er, die Sehachsen in der Symmetrieebene kreuzend, den Blick auf einen Gegenstand fixieren lernt. Fast gleichzeitig bringt er seine Händchen zusammen und führt, seine Fingerchen kreuzend, das Links und Rechts zusammen. Er befestigt damit die Mitte.

Sobald der Säugling krabbelt, spannt er wechselweise die Muskeln einer Seite, während sich die Muskeln der anderen Seite gleichzeitig entspannen. Dieses abwechselnde Beugen und Strecken wird auch als *Rüsselmotorik*[13] (antagonistische Motorik) bezeichnet, weil man besonders gut im Bewegungsspiel des pendelnden Elefantenrüssels sieht, wie sich die Muskeln der einen Seite beugen, wenn die Muskeln der anderen Seite gestreckt sind. Indem das Kind diese Bewegungsform übt, lernt es, die Symmetrieebene (Sagittalebene) zu beherrschen.

Eine andere Bewegungsart besteht darin, dass das Kind mit beiden Händen nach etwas greift oder sich mit beiden Händen, wenn es zum Beispiel auf dem Boden liegt, versucht abzustemmen, um sich dann am Tisch hochzuziehen. Mit dieser Bewegungsart – der symmetrischen Motorik – kann es die Horizontalebene überwinden.

Im Laufe der Monate vermag das Kind die vorgenannten Bewegungsarten immer besser zu integrieren. Wenn es gelernt hat, aufgerichtet auf einem Fuss stehenzubleiben, während es den anderen Fuss vorsetzt, so ist es dabei, die dritte Dimension zu erobern. Man könnte dies als eine symmetrisch-antagonistische Motorik bezeichnen, die noch im rhythmischen Wechsel des Schreitens eingebunden ist. Es ist der Beginn, die frontale Ebene zu erobern.

Die drei Raumesebenen, die dem Kind als Hindernisse entgegenstehen, inspirieren es, die entsprechende Motorik herauszufinden, um sie zu beherrschen. Das Kind bedarf aber zusätzlich der äusseren Anregung durch andere Menschen, die aufrecht stehen und gehen, damit die innere Veranlagung auch gefunden und ergriffen wird.

Bei dem vierjährigen Kind spielen noch immer die symmetrischen Bewegungsformen eine grosse Rolle. Umfasst es mit einer Hand den Löffel, so schliesst sich manchmal auch die andere Hand; streckt es sich, um etwas auf dem Tisch zu ergreifen, so tun dies häufig noch beide Hände. Beim Handgeben ist es immer so eine Sache – am liebsten gäbe das Kind beide Hände. Das ist verständlich, denn solange beide Hände immer wieder symmetrisch zugreifen, kann das Kind den Unterschied von rechts und links noch gar nicht so recht empfinden.

Im Laufe der Kindergartenzeit wird das Kind immer geschickter, zum Beispiel mit einer Hand einen Nagel zu halten, den es mit dem Hämmerchen in der anderen Hand einschlagen kann, oder es hält mit einer Hand das Papier und schneidet mit der Schere in der anderen Hand etwas aus. Wenn es gleichzeitig zwei verschiedene Bewegungen ausführt, übt es die *asymmetrische Motorik*. Während dieser Phase hält das Kind mal mit der linken Hand den Nagel oder das Papier und hämmert oder schneidet mit der rechten etwas aus; beim nächsten Mal kann es aber auch umgekehrt sein: Es schneidet oder hämmert mit der linken Hand und benutzt die rechte Hand zum Festhalten. Es ist wichtig, dass das Kind die verschiedensten Möglichkeiten hat, die asymmetrische Motorik mit beiden Händen zu erüben.

Die Lateralisierung

Je mehr das Kind übt, desto sicherer wird es. Dabei spürt es mit der Zeit selber ab, mit welcher Hand es besser schneiden, hämmern oder nähen kann und mit welcher Hand es diese Arbeiten besser unterstützen kann. Es bevorzugt dann die eine Hand für die Tätigkeiten, die andere Hand für die Unterstützung. So bilden sich die „Schafferhand" und die „Helferhand". Aufmerksame Eltern können diese Beobachtung sogar schon bei ihrem zwei- oder dreijährigen Kinde machen. Die Handpräferenz ist dann aber noch nicht in der Weise stabilisiert wie beim Schulkind.

Auch beim Gehen, Springen und Rennen merkt das Kind, dass es ihm mal besser, mal schlechter gelingt. Allmählich wird es geschickter und bevorzugt – wie zuvor bei den Händen – einen Fuss. Es hüpft lieber auf diesem Fuss und stösst auch mit diesem Fuss lieber den Ball fort. Man sieht das sehr schnell am Schuh des bevorzugten Fusses, der deutlich mehr abgelaufen oder beschädigt ist.

So wie das Kind eine Hand und einen Fuss bevorzugt, so auch eines der beiden Augen und eines der beiden Ohren. Wenn es gut geht, liegen alle – Hand, Fuss, Auge und Ohr – auf derselben Körperseite; das muss aber nicht sein. Gibt es Präferenzen auf beiden Seiten, so spricht man von überkreuzten Dominanzen.

Den Vorgang der allmählichen Befestigung der Präferenzen bezeichnet man als *Lateralisierung*. Das Kind erlebt nun die Körperseiten verschieden. Sind sämtliche Präferenzen auf derselben Seite, so hat das Kind keine Schwierigkeiten, rechts und links zu unterscheiden. Anders ist es bei gekreuz-

140

ten Dominanzen: da kommt es leichter zu „Verwechslungen". Dann sieht es zum Beispiel den Unterschied zwischen einem q und einem p oder einem b und einem d nicht so klar wie im ersten Fall.

Kinder erleben die Lateralisierung als Steigerung ihres Selbstvertrauens und möchten ihre neue Kraft nun auch erproben: Ein Kind will vielleicht einmal den Tisch schon ganz alleine decken, ein anderes will mit seinem Freund einen ganz hohen Turm bauen, und zwar diesmal mit allen Bausteinen.

Wiederholungsphasen

Nicht alle Schulkinder haben diese Phase vollständig durchgemacht, wenn der erste Schultag kommt. In den Rückblicken wurde schon darauf hingewiesen, wie die Erstklässler von „vielen kleinen Verständigungsschwierigkeiten" umgeben sind: Mit welcher Hand hält man die Flöte oben, mit welcher unten; was heisst es, die Flöte unter den Tisch zu legen? Dazu kommt die Komplikation der gekreuzten Dominanzen. Man bekommt einen Eindruck davon, wenn man dem „merkwürdig holprigen" Lauf der Kinder auf der Spielwiese zusieht. Es wird daraus verständlich, dass die Symmetriezeichnungen, das Flötenspiel, die Eurythmie, wie sie in dem Kapitel „Liebe Eltern" bereits erwähnt worden sind, wichtige Koordinationsübungen sind.

Im Alter von sieben Jahren wiederholt das Kind auf einer anderen Ebene, aber ebenfalls im Kopfbereich, die Überwindung des nach aussen schweifenden Blickes, den es zur Mitte zu führen gelernt hatte. Wir lernten diese Geste – von aussen zur Mitte – bereits im Zahnwechsel kennen. Es wurde gezeigt, dass nach dem Durchtritt der Sechser, die seitlich aussen in den Backen liegen, vorne in der Mitte die Einser gewechselt werden. So wie sich beim Säugling schliesslich die Sehachsen in der Mitte begegnen, so führt auch die Geste des Zahnwechsels von aussen zur Mitte.

Diese Geste, die sich physiologisch abspielt, wird in der Schule aufgegriffen und mit dem Zeichnen von Rechts-links-Symmetrieformen ebenfalls wiederholt. Schauen wir uns dieses Beispiel, das wir schon kennen, noch ein zweites Mal an. Die eine Bildseite, die links liegt, wird vorgegeben, und das Kind ergänzt die *fehlende* Seite, die rechts liegt. Es ist aufgerufen, den Weg von einem Bild (linke Seite) in ein anderes Bild (rechte Seite) zu gehen. Das rechtsseitige Bild, welches das Kind selber finden soll, braucht aber die *gedankliche* Bestimmung. Noch im Bildprozess – die Form, die das Kind gezeichnet hat, ist auf beiden Seiten gleich – pendelt sich die Festlegung auf die Seitigkeit ein. Es ist wichtig, gerade am Schulanfang Variationen dieses Formenzeichnens so lange zu wiederholen, bis alle Erstklässler das vorgegebene Bild links sicher in das entsprechende rechts verwandeln können.

Haben wir in dem Kapitel „Liebe Eltern" die Symmetrieformen fast ausschliesslich unter dem Gesichtspunkt der visuellen Wahrnehmung betrachtet, so gehen wir jetzt einen Schritt weiter und schauen noch auf die Bewegungen der Hände. Die eine Hand hält den Stift und führt ihn in einer aktiven Bewegung, die andere, die auf dem Blatt liegt oder es hält, ist in einer lockeren Haltung. Das entspricht der asymmetrischen Motorik. Macht aber die passive Hand eine Faust wie die aktive, die den Stift umschliesst, so lebt das Kind noch in der symmetrischen Motorik. Streckt es die Finger der passiven Hand aus, so entspricht dies der Rüssel-motorik. Beides sind Bewegungsmuster, die in frühere Entwicklungsphasen gehören, wo das Kind noch nicht den Unterschied von rechts und links durch die Bevorzugung einer Hand festgelegt hatte. – Weil die Aufgabenstellung für das Auge eine symmetrische Form ist, die Hände sich aber – wenn das Kind zeichnet – asymmetrisch zueinander verhal-

142

ten, wird es verständlich, warum das Formenzeichnen ein ideales Mittel ist, frühere Bewegungsmuster in die asymmetrische Motorik besser zu integrieren und die Lateralisierung nun wirklich zu befestigen.

Trennung und Steigerung

Durch das genaue Zeichnen erübt das Kind, in der Schafferhand die Tätigkeit immer besser zu beherrschen, in der Helferhand aber die Tätigkeit zurückzuhalten. Dadurch lernt es, im Gefühl wahrzunehmen, denn das Gefühl entsteht durch den zurückgehaltenen Willen. So wird eine Hand eher willensbetont, während die andere mehr gefühlsbetont wird. Was in der symmetrischen Motorik noch als etwas Einheitliches erlebt wurde, wird in der Phase der asymmetrischen Motorik getrennt. Der Prozess dieser Trennung kann neben dem Formenzeichnen sehr wirkungsvoll durch alle Arten von Betonungen, seien sie sprachlicher oder musikalischer Art, befördert werden.

Fällt dabei die Betonung des Willens auf die rechte Hand, so entspricht dies in der menschlichen Gestalt der Tatseite, die wir in der Skulptur des Poseidon in der zum Wurf ausholenden Rechten schon früher betrachtet haben. Fällt die Betonung des Gefühls auf die linke Seite, so entspricht dies der Herzseite. Bevorzugt das Kind die Willensseite mit der Schafferhand, so bevorzugt es mit der rechten Hand auch die rechte Seite; bevorzugt es für die Helferhand die Gefühlsseite, so bevorzugt es mit seiner linken Hand auch die linke Seite: die Kommunikation von Seite und Hand ist stimmig. – Wird aber die Linke als Schafferhand bevorzugt, so überkreuzt sie sich mit der Gefühlsseite, die links liegt. Wird die Helferhand rechts bevorzugt, so überkreuzt sie sich mit der Tatseite. In diesem Sinne könnte man die innere Widersprüchlichkeit auch als gekreuzte Dominanz auffassen. Von gekreuzten Dominanzen spricht man, wenn ein Kind nicht einseitig, sondern beidseitig orientiert ist, also zum Beispiel den linken Fuss und die rechte Hand bevorzugt.

Hat sich die Lateralisierung vollzogen, so lokalisiert sich diese Entwicklung spiegelbildlich im Gehirn. Mit der Reifung der Gehirnstruktur gewinnen links und rechts, Gefühl und Wille, eine immer grössere Bedeutung für die gesamte psychische Entwicklung.

Linke Hand:	*Rechte Hand:*
zurückgehaltener Wille	nach aussen gerichtete Tätigkeit
Gefühl	Wille
Bildwahrnehmung	Gedankenwahrnehmung
Gedächtnisfähigkeit	Begreifen

Man sieht: Erst wenn links und rechts durch die Lateralisierung getrennt sind, erhält jede Seite ihre volle Funktionsfähigkeit, die – obwohl durch Trennung erzeugt – durch die Zusammenarbeit von beiden Seiten gesteigert wird. Wenn das Kind diesen Schritt macht, geht es von der Bildwahrnehmung zur Gedankenwahrnehmung über. Lernen die Kinder aus dem Bild zuerst die Buchstaben und dann aus den geschriebenen Buchstaben das Lesen, so entspricht dies dem eben beschriebenen Vorgang.

Die Gefahr besteht heute darin, dass die Kinder häufig in der Bildwahrnehmung nicht gründlich genug verankert werden und die Gedankenwahrnehmung zu früh erfolgt. Wir wissen aber heute aus der Gehirnforschung[14], dass unser viel beklagtes schlechtes Gedächtnis in allererster Linie mit dem Mangel an Bildhaftigkeit zusammenhängt. Der Westen ist gegenwärtig dabei, vom Osten wieder die Bildersprache zu erlernen, um die Gedächtnisfähigkeit wieder zurückzugewinnen.

Die Tat des Perseus

In der griechischen Mythologie gibt es eine Erzählung, die den Abschluss des Bilderbewusstseins früherer Entwicklungsepochen darstellt. Es ist die Sage von Perseus, welcher der Medusa das Haupt abschlägt. Unschwer erkennt man in dem Ungeheuer der Medusa die Repräsentantin eines alten Bild-*Erlebens*, das einen zwingenden Charakter hat. Wer sie ansieht, wird in Stein verwandelt. Perseus stellt sich mit abgewandtem Gesicht vor die Schlafende, in der Linken seinen glänzenden Schild, in dem er ihr Bild auffängt, um nicht durch ihren direkten Anblick zu erstarren. Die Rechte, mit der Sichel des Hermes, führt ihm die Göttin Athene, die aus dem Haupte des Zeus Entsprungene. So kann Perseus ohne Gefahr dem Ungeheuer den Kopf abschneiden.

In der Heldentat des Perseus kann man den bedeutsamen Einschlag in der Entwicklung der griechischen Antike sehen, die sich mit dem Philosophen Pherekydes von Samos von der Mythologie trennte und den Gedanken suchte. Damit nahmen die Philosophie einerseits und die Dichtkunst mit den Schöpfungen der Phantasie andererseits ihren Ursprung.[15]

Diesem Prozess im Bilde des griechischen Mythos folgend, blicken wir nochmals hin auf die enthauptete Medusa und sehen aus ihrem Rumpf zwei Gestalten entspringen: das geflügelte Ross, den Pegasus, und den Riesen Goldschwert, Chrysaor genannt. Während sich Pegasus in die Höhe schwingt, steigt Chrysaor in die Tiefen hinunter. In der Überwindung des alten, zwingenden Bild-*Erlebens* konnten Kunst und Wissenschaft entstehen.

In Asien erleben wir auch heute noch eine dichte Bildhaftigkeit, während im Westen eine Intellektualisierung durch zunehmend abstrakte Gedanken um sich greift. Das Kind kommt in seiner individuellen Entwicklung erst allmählich von einer Bildersprache zu einem Erfassen unserer heutigen

Gedankensprache und folgt damit eigentlich einem Weg von Ost nach West. Wenn man das Kind bis zum neunten, zehnten Lebensjahr hauptsächlich in der Bildwahrnehmung belassen könnte und erst dann das Lesen erüben würde, könnte man dem Kinde eine wertvolle Seelenkraft erhalten. Diese Angabe Rudolf Steiners ist bisher nur wenig in die Praxis umgesetzt; in Japan zum Beispiel wird jedoch streng darauf geachtet, dass das Kind, das dort rechts schreiben muss, nicht vor seinem zehnten Lebensjahr die Buchstaben lernt und die geschriebene Schrift liest. Von der ersten Klasse bis zum Abschluss der Schulzeit lernt es etwa 20 000 Bildzeichen, mit denen es später ebenso schreiben kann wie mit den Buchstaben. Es ist bekannt, dass Japaner im Vergleich zu Westlern eine geradezu phänomenale Gedächtnisfähigkeit besitzen und eine hohe Kultur der Gefühle ausgebildet haben.

Auf eine Verzögerung eingehen

Eine gute Pädagogik sollte die linke Gefühlsseite, die zusammenhängt mit dem zurückgehaltenen Willen, durch einen Erzählschatz von vielen Märchen und sinnigen Geschichten kultivieren, anstatt möglichst früh nur die Gedankenfähigkeit einseitig zu fördern. Das Kind könnte in seiner Linksseitigkeit und damit auch in seiner Linkshändigkeit besser ausreifen und dann in einem wirklichen Reifeprozess den Willen zur Gedankenwahrnehmung entfalten. Das linkshändige Kind steht vor der Schwierigkeit, dass es sich von der Gefühlsseite nicht freimachen kann, die ihm alles bedeutet. Damit hat es recht! Eine wirklich verständnisvolle Therapie müsste hier ansetzen und dem Kind von vornherein diesen Nachholbedarf an zusätzlicher liebevoller Zuwendung und viel Phantasie gewähren.

Schafft man einem Kind diesen Freiraum, indem man seine besonderen Bedürfnisse zuallererst akzeptiert, so ist es eher möglich, diesen Prozess abzuschliessen, anstatt ihn auf das ganze Leben auszudehnen. Bleibt die Linkshändigkeit, so kann das Kind die Trennung von Gefühl und Wille nicht vollständig vollziehen. Sie haben beide ihren Sitz in der linken Hand. Wir sahen aber schon, dass erst nach der Polarisierung von Gefühl und Wille in die linke und rechte Hand eine Steigerung in der Gedankenfähigkeit erfolgt.

Unter diesem Aspekt kann man die Linkshändigkeit als eine Entwicklungsverzögerung ansehen, der man nachhelfen kann. Die Notwendigkeit des Nachhelfens stellt sich bei einem Kind, das etwas nicht versteht, genauso wie bei einer Entwicklungsverzögerung, die psychomotorischer Natur ist; die Mittel werden freilich verschieden sein. Es geht darum, dem Linkshänder diese zusätzliche Unterstützung zu geben und ihm insbesondere durch Heileurythmie gezielt zu helfen, damit er sich in der Symmetrieebene vollständig inkarnieren kann.

Die doppelte Besetzung der linken Hand ist ein objektives Problem, mit dem jeder Linkshänder – stärker oder schwächer – konfrontiert ist. Es ist das Problem einer *versteckt* gekreuzten Dominanz. Von da her wird auch verständlich, dass Linkshändigkeit und Zappeligkeit zusammen beobachtet werden oder die manchen Linkshändern eigene Drehbewegung zustande kommt. Das Kind steht, von einer inneren Unruhe getrieben, von seinem Platz auf, als wolle es etwas holen, und kehrt unverrichteterdinge bald wieder zurück; wenig später folgt eine Wiederholung. Man gewinnt den Eindruck, dass sich darin der vergebliche Versuch spiegelt, den Übergang von links nach rechts zu finden, statt dessen wird aber immer wieder nur links als Ziel und zugleich neuer Ausgangspunkt für eine nächste Drehbewegung erreicht. Gelingt es, solche Kinder bis spätestens vor ihrem achten oder neunten Lebensjahr auf die rechte Hand umzustellen, so können derartige Symptome verschwinden. Da sich in solchen Drehbewegungen auch Anzeichen von Stress bemerkbar machen und Stress – wie wir schon gesehen haben – eine Ursache von Legasthenie sein kann, wird es verständlich, warum Linkshänder sich damit vermehrt auseinanderzusetzen haben. Die Einsicht, dass der Linkshänder Gefühl und Tätigkeit innig verschmilzt, macht seine inneren Farbkompositionen, die er im Wasserfarbenmalen aufs Papier bringt, ebenso verständlich wie die überbetonte Schräglage der Schrift, die auf ein stark gefühlsbetontes Willensleben hinweist.

Linkshänder sind untereinander sehr verschieden. Wie wir bereits gesehen haben, wird nicht nur eine Hand bevorzugt, sondern auch ein Fuss, ein Ohr und ein Auge. Liegen diese Präferenzen alle auf der linken Seite, so ist das Kind in diesem Falle auch linksseitig und man könnte von einem eingefleischten Linkshänder sprechen. Das ist aber bei den wenigsten Linkshändern der Fall.

Mögliche Ursachen für die Linkshändigkeit

In der Links-rechts-Orientierung spielt zum Beispiel die Nachahmung eine grosse Rolle. Sitzt das Kind zum Beispiel in einem Babystuhl der Mutter frontal gegenüber am Tisch, so ist für das Kind links, was für die Mutter rechts ist. Isst die Mutter mit der rechten Hand, so ahmt das Kind dies mit der linken Hand nach, und daraus könnte mit der Zeit ein gewohnheitsmässiger Linkshänder werden. Füttert die Mutter ihr Kind bis zum zweiten, dritten Lebensjahr auf ihrem Schoss, so hat ihr Kind den Rücken an die Brust der Mutter angelehnt, und somit kommuniziert die Lateralität der Mutter mit der des Kindes: Der rechte Arm der Mutter bewegt sich zur rechten Seite des Kindes und mit dem linken Arm umfasst sie stützend seine linke Seite. Jetzt wird das Kind an die Tätigkeit der rechten Hand gewöhnt und empfindet links die Geborgenheit im Mutterarm: Gefühl und Wille sind richtigherum angesprochen.

Man kann sich des Eindruckes nicht erwehren, dass Linkshändigkeit unterstützt wird durch unsere übertechnisierte Kinderwelt und die blasse Gedankensprache, die heute leider üblich geworden ist. In den Ländern, in denen ein gemütvolles, naturnahes Leben geführt wird und es noch viel Zeit zum Erzählen gibt, sind Linkshänder eher selten, während die Hochburgen der Linkshändigkeit in jenen Ländern liegen, die durch ihren technisch-intellektuellen Vorsprung von sich reden machen. Unter diesem Aspekt kann man die Linkshändigkeit als das Ergebnis eines zu frühen Losreissens aus der Bildwelt und Hineingestossenwerdens in die Intellektualität verstehen. Das Kind kann den Schritt von links nach rechts nicht *recht*-zeitig vollziehen und zieht sich auf die linke Hand zurück, die ihm mehr entspricht.

Aussagen Rudolf Steiners zur Linkshändigkeit

Rudolf Steiners Äusserungen über die Linkshändigkeit beziehen den Zusammenhang von Reinkarnation und Karma mit ein. War ein Mensch in seinem letzten Leben stark überarbeitet, so könne darin die Veranlagung zur Linkshändigkeit gesehen werden. „Ein Mensch, der sich im vorhergehenden Leben überarbeitet hat, so dass er sich übernommen hat, nicht nur physisch oder intellektuell in der Arbeit, sondern überhaupt geistig oder seelisch oder im Gemüt, und der dann dadurch in einem darauffolgenden Leben mit einer starken Schwäche kommt, der ist nicht imstande ..., diese karmische Schwäche [als Linkshändigkeit, *Anmerkung des Autors*] zu überwinden."[16] Steiner empfiehlt, linkshändige Kinder in jungem Alter, vor dem neunten Jahr, an die Rechtshändigkeit zu gewöhnen, *wenn es nicht schädlich wirkt*. Er begründet diesen pädagogischen Eingriff damit, dass die karmische Schwäche, falls man ihr zu sehr nachgebe, vielleicht auch für das folgende, also dritte Erdenleben, bestehen bleibe. Gebe man ihr *nicht* nach, so helfe man, diese Schwäche auszugleichen. Ausdrücklich warnt Rudolf Steiner davor, *alles rechts und links gleich gut auszuführen*. Dadurch würde der „innere Mensch neutralisiert" und in seinem späteren Leben „ganz schlapp" werden.

Aus dieser Angabe, die Steiner den Lehrern der Stuttgarter Waldorfschule in einer Konferenz vom 25. Mai 1923 gemacht hat, geht deutlich hervor, dass nicht einfach jedes linkshändige Kind auf rechts umgestellt werden kann und muss. Ausdrücklich betont Steiner, *wenn es nicht schädlich wirkt*. Stolpern, Stottern und Blässe sind Anzeichen von schädlichen Auswirkungen.

Eltern, Arzt, Lehrer, Kindergärtnerin und Therapeut müssen sich darüber verständigen, ob eine Umstellung überhaupt ratsam erscheint oder ob anderweitige Belastungen da sind, die – zusammen mit der Umstellung – vom Kinde nur schwer verkraftet werden könnten. So gibt es Kinder, die nicht nur linkshändig, sondern auch linksseitig sind, Kinder, denen eine zusätzliche Kiefer- oder Zahnkorrektur oder operative Eingriffe sonstiger Art bevorstehen. Erst aus einer Zusammenschau aller Komponenten ergibt sich die Grundlage für das Urteil. Sehr wichtig ist es natürlich auch, ob das Kind für einen solchen Schritt motiviert werden kann oder nicht.

Am Schreiben des Erstklässlers wird die Händigkeit im siebten Lebensjahr vom Lehrer und Schularzt beobachtet, die Eltern sehen aber die Veranlagung nach links oder rechts schon Jahre früher. So kann das Kind zuerst daheim und dann im Kindergarten lernen, also in einer Zeit, in der die Pflege guter Gewohnheiten fällt, dass es den Löffel, die Zahnbürste und die Ölkreide, mit der es zeichnet, immer mit der rechten Hand hält. Druck und Zwang sind völlig unnötig, denn das Kind lernt ohnedies in diesem Alter nur durch das Prinzip der *Wiederholung*. In jedem Fall muss die therapeutisch-pädagogische Begleitung gewährleistet sein.

Bei ehemaligen Linkshändern, die im Erwachsenenalter mit der seinerzeitigen Umstellung unzufrieden sind, finden sich häufig folgende Gründe dafür:

- Die Umstellung erfolgte nur als eine äussere Massnahme ohne heileurythmische Behandlung.
- Ein Defizit an Zuwendung wurde nicht genügend ausgeglichen.
- Die Umstellung erfolgte zu spät.
- Die medizinisch-pädagogische Begleitung war unzureichend.
- Im Verhältnis zur Gesamtkonstitution war die Umstellung eine Überforderung.

Keinesfalls sollte eine missglückte Umstellung auf rechts das Resultat sein, so dass eine innerliche Unsicherheit zeitlebens ein Schwanken zwischen den beiden Richtungen bewirkt. Eine eindeutig seitenbezogene Verankerung ist nötig. Sie ist die Voraussetzung für das spätere eigene Urteil.

Möchte man einem Kind, das linkshändig bleibt, Mut machen – falls es seine Andersartigkeit überhaupt als Belastung empfindet –, so kann man ihm Begebenheiten aus den Biographien grosser Persönlichkeiten erzählen, die linkshändig waren. Einige von ihnen sind eingangs genannt worden. Schon unter diesen sowie anderen hier nicht genannten Linkshändern sind so viele grosse Geister, dass die Linkshändigkeit gewiss kein Grund sein kann, dem Leben ängstlich gegenüberzustehen. Trotzdem gibt es immer wieder Vorurteile gegenüber der Linkshändigkeit.

Von keinem geringeren als Albert Einstein stammt der Satz: „Welch triste Epoche, in der es leichter ist, ein Atom zu zertrümmern als ein Vorurteil!" – Er war übrigens auch ein Linkshänder.

Schulreife
Schulfähigkeit
Schuleintritt

Wer bei diesen Zeilen angekommen ist, konnte immer wieder von verschiedenen Standpunkten aus einen sehr wichtigen Grundsatz der Waldorferziehung kennenlernen. Einen Grundsatz, der sich daraus ergibt, dass das Kind vor einer Doppelaufgabe steht: Es muss gleichzeitig wachsen und lernen. Um gesundend zu wirken, müssen beide Aspekte berücksichtigt werden. Dieser Anforderung will sich die Waldorfpädagogik stellen. Aus diesem Grunde kann auch über die Schulreife nur dann etwas ausgesagt werden, wenn beide Aufgabenbereiche untersucht werden. Der eine Bereich ist der ärztliche, der andere der pädagogische.

Beachtet der Lehrer, wie sich das Kind voraussichtlich in eine Klassengemeinschaft einfügen wird, wie es etwas aufnimmt und wie es arbeitet, also das, was die seelischen und geistigen Fähigkeiten des Kindes betrifft, so untersucht der Arzt vorwiegend die Reife im Hinblick auf die körperliche Entwicklung. Was wir gemeinhin unter Schulreife verstehen – ein gebräuchlicher Begriff unserer Umgangssprache, der darum auch dieser Darstellung als Titel dient –, kann bei genauerem Hinsehen noch gegliedert werden: Hat der Lehrer die *Schulfähigkeit* im Auge, so untersucht der Arzt die *Schulreife*. Erst wenn die Ergebnisse von beiden Untersuchungen vorliegen, kann mit den Eltern der Entschluss über den *Schuleintritt* gefasst werden.

Bevor wir die einzelnen Abschnitte dieses dreigliedrigen Themas untersuchen, wollen wir vorweg noch eines festhalten: Der erste Besuch in der Schule, wo der künftige Erstklässler empfangen wird, ist keine *Prüfung*, viel eher könnte man von einer Ouvertüre sprechen, die von seiten des Kindes mit einer grossen Vorfreude eingeleitet wird. Kinder erleben diesen ersten, unvergesslichen Schulbesuch als einen Festtag, und wenn das Büblein „Luftikus" an diesem Tag dem Lehrer in die Augen schaut und in die Hand verspricht, dass es sich von nun an wirklich anstrengen wolle, um das *Folgen* besser zu lernen, dann kann dieser Augenblick der Beginn einer segensreichen Zeit werden.

Der Arzt untersucht die Schulreife

Die körperliche Ausbildung, auf die der Arzt in erster Linie achtet, ist etwas Gegebenes, auf das die Eltern oder das Kind keinen direkten, bewussten Einfluss haben. Sie kann nach folgenden Merkmalen abgeklärt werden:

- Gestaltwandel
- Zahnbildung und Zahnwechsel
- Stand der Lateralisierung
- Alter und Geschlecht
- Gesundheit (aktueller Zustand und Vorgeschichte)

Der Übergang vom Spielkind zum Schulkind zeigt sich leiblich in dem sogenannten Gestaltwandel: Nach einer Phase der Fülle tritt das schulreife Kind in eine Phase der Streckung ein. Achten wir auf den Rumpf, so bemerken wir, wie das wohlige Kinderbäuchlein leicht zurückgeht, die Taille schon etwas erkennbar wird und die Wirbelsäule eine S-Krümmung bekommt.

Veränderungen sehen wir auch im Bereich der Glieder: Das Kind kann mit der rechten Hand – den Arm über dem Kopf – das linke Ohr berühren. Es reicht nicht mehr das ganz undifferenzierte Patschhändchen zum Gruss. Beim Gehen berührt der Fuss immer häufiger mit der ganzen Sohle den Boden, also auch mit der Ferse. Auch kann das Kind etwas besser geradeaus gehen ohne kleine Kurven zu nehmen, ja man hat den Eindruck, dass es nun beim Laufen nicht mehr von einem kleinen „Hügelchen herunterkommt".

Auch der Gesichtsausdruck verändert sich: Die vorgewölbte Stirn flacht etwas ab und die Oberlippe überragt nicht mehr die Unterlippe, so dass der Mund geschlossen ist, weshalb das Kind jetzt den Eindruck erweckt, dass es still sein und auch zuhören kann. Der Blick ist weniger unstet und vermag auf einem Bild zu ruhen. Dieser Wandel, von dem die ganze Gestalt des Kindes geprägt wird, ist Ausdruck davon, dass die bildende Kraft im Kinde einen Abschluss erreicht hat und ein Neuanfang auf einer nächsten Stufe bevorsteht.

Beides – Abschluss und Neuanfang – finden wir auch in der Zahn*bildung* und im Zahn*wechsel*. Die Zahnbildung ist weitgehend abgeschlossen: 24 Zähne liegen unter den Milchzähnen, so dass der Zahnwechsel beginnen kann. Wie in dem Kapitel „Liebe Eltern" schon dargestellt, sollte diese Entwicklung mit den vier hinteren Backenzähnen, den Sechsern, beginnen, die keine Milchzähne wegschieben. Sie treten zuerst durch, und erst dann beginnt der eigentliche Wechsel, d. h. es werden im Unter- und Oberkiefer die vorderen beiden Schneidezähne gewechselt, wobei die Milchzähne ausfallen. Bei manchen Erstklässlern sitzen die Schneidezähne des Milchgebisses noch fest, bei anderen wackeln sie oder sind schon ausgefallen, so dass die neuen Zähne zu sehen sind. Das ist von Kind zu Kind verschieden. Für die Schulreife ist es ausschlaggebend, dass mindestens die hinteren Backenzähne schon durchgetreten sind. Es gibt aber zunehmend Fälle, in denen die vorderen Schneidezähne zuerst gewechselt werden und erst dann die Backenzähne durchbrechen. Dies ist ein Symptom dafür, dass die intellektuelle Reife über die allgemein körperliche dominiert. Bei diesen Kindern sollte man, um sie stärker mit ihrem Willensstrom zu verbinden, die *Phantasie* anregen.

Sind Gestaltwandel und Zahnwechsel äussere Erscheinungsmerkmale, die gewissermassen auf den ersten Blick erkennbar sind, so ist der Stand der Lateralisierung – wir haben diesen Begriff schon im vorhergehenden Kapitel kennengelernt – etwas verborgener. Kleine Übungen, die man mit dem Kind macht, geben darüber Aufschluss:

- Mit welcher Hand zeichnet das Kind, hält es die Zahnbürste oder wirft es den Tennisball?
- Welchen Fuss wählt es spontan, wenn es hüpft, und mit welchem stösst es den Ball fort?
- An welches Ohr legt es eine grosse Meeresmuschel, um ihr Rauschen zu hören, oder den Hörer des Telefons?
- Mit welchem Auge schaut es durch ein Kaleidoskop oder ein Fernrohr?

Durch diese Übungen sieht man, wo das Kind mit der Lateralisierung steht und ob es eventuell überkreuzte Dominanzen gibt, die vielleicht später in der Schule therapiert werden können. Zeigt es sich, dass das Kind seine Präferenzen bereits gewählt hat, so erlebt es seine rechte und linke Seite verschieden. Es unterscheidet seine rechte Hand von der linken ebenso wie eine Rechts-links-Verschiedenheit in Formen: ein „d" ist anders als ein „b".

Aus dem Bericht der Kindergärtnerin geht dann vielleicht hervor, dass das Kind keine „verwaschenen" Hände mehr habe und auch nicht mehr beliebig lange und immer wieder mit den Klötzen „Hausbauen" spielen wolle. Es gehöre jetzt zu denen, die sich bestimmte Aufgaben setzen und sie auch fertig machen wollen. Es bestehe sogar darauf, seine Arbeit am nächsten Tag weiterzuführen, wenn es zeitlich einmal nicht gereicht hat.

Vergleicht man den Stand von Gestaltwandel, Zahnwechsel und Lateralisierung mit dem Alter des Kindes, so zeigt sich das Entwicklungstempo. Dabei ist die Auffassung weit verbreitet, dass sich Buben im allgemeinen langsamer entwickeln als Mädchen, d. h. die Mädchen sind in der Regel zwei bis vier Monate voraus. Wenn man bei Buben das Mindestalter für den Schuleintritt mit sechs Jahren und sieben Monaten ansetze, so könne man bei Mädchen an sechs Jahre und vier Monate denken. Obwohl dies in mancher Hinsicht zutrifft, ist dennoch grosse Vorsicht am Platze! Aus einer wissenschaftlichen Studie, die in den USA erstellt wurde[17], geht hervor, dass bei 83% der weiblichen Jugendsuizide Sommerkinder waren, das sind Mädchen, die als jüngste Kinder ihrer Klasse eingeschult worden waren.

Auch der allgemeine Gesundheitszustand, über den im Kapitel „Haben Kinderkrankheiten einen Sinn?" eine grundsätzliche Blickrichtung dargestellt worden ist, ist bei der Beurteilung der *Schulreife* wesentlich. Eine Darstellung über die Untersuchung des aktuellen Zustandes würde hier freilich zu weit führen.

Im Hinblick auf die Vorgeschichte kommen Auffälligkeiten während der Schwangerschaft in Betracht, ob die Geburt vorzeitig, termingerecht oder verspätet erfolgt ist und ob es während des Geburtsvorganges zu Sauerstoffmangel oder nach der Geburt zu Atmungsstörungen gekommen ist. Welche Krankheiten (Kinderkrankheiten insbesondere) hat das Kind durchgemacht?

In der psychomotorischen Entwicklung sollten die „Meilensteine" wie Sitzen, Stehen, Robben, Krabbeln, Gehen sowie motorische Auffälligkeiten vermerkt werden. Zur Sprachentwicklung gehören die Daten des ersten Wortes, des ersten Satzes und der Zeitpunkt, als das Kind zum ersten Mal „Ich" sagen konnte.

Der Lehrer verschafft sich einen Eindruck von der Schulfähigkeit

Die Untersuchung der körperlichen Entwicklungsreife wird ergänzt durch die Beobachtungen des Lehrers im Hinblick auf seelische und geistige Fähigkeiten. Da gibt es keine so eindeutigen Merkmale wie bei der Untersuchung der Schulreife. Ausserdem kann das Kind durch Tagesereignisse stark beeinflusst sein und einen untypischen Eindruck machen. Deshalb ist es wichtig, auch die Beobachtungen der Kindergärtnerin zu berücksichtigen und daneben die Bilder anzuschauen, die das Kind in der letzten Zeit gemalt hat.

Dabei achtet man auf die Gesten der verschiedenen Darstellungen: Die menschliche Gestalt sollte nicht mehr die Form des „Kopffüsslers" haben, sondern die drei Teile Kopf, Rumpf und Glieder zeigen. Himmel und Erde sollten unterschieden und nicht Oben und Unten vermischt sein. Ein weiteres Indiz ergibt sich in bezug auf die „Gedankenwahrnehmung". Schaut man mit dem Kind zum Beispiel das Bild eines Bauernhofes an und lässt es erzählen, was es sieht, so findet das schulreife Kind den Oberbegriff „Bauernhof" recht schnell, während das Spielkind sich schwer tut, über die Einzelheiten hinweg diesen Begriff zu „sehen".

Es ist auch aufschlussreich, ob das Kind in der Lage ist, unter Rechtecken ein Quadrat und unter ovalen Formen einen Kreis herauszufinden und ob es selber einfache Grundformen nachzeichnen kann, wie zum Beispiel Kreis, Quadrat, Rechteck, Rhombus, Arkaden, Girlanden, Spirale, Dreieck, Lemniskate usw. Hat das Kind überhaupt *Interesse* für das Formenzeichnen? Freut es sich darauf, die Buchstaben zu lernen?

Weil Kinder auch sehr gerne Tastübungen machen, kann man ihnen folgende Aufgabe stellen. Unter einem Tuch liegen vielleicht Erbsen, Haselnüsse und Bohnen in einem Körbchen. Kann es nun zum Beispiel alle Bohnen ertasten und in ein Schüsselchen legen?

158

Etwas anderes: Wieviel kann sich ein Kind schon auf einmal merken? Kann es zum Beispiel die Giesskanne, die Vase, den Teller und noch die Kerze herbei bringen (vier Dinge auf einmal) oder muss es immer wieder fragen? Kann es eine Reihe von einstelligen Zahlen behalten? Kann es eine einfache pentatonische Melodie nachsummen?

Bei allen diesen Übungen kann der Lehrer auf die Nachahmungsfähigkeit des Kindes achten. Im Extremfall ist das Kind entweder noch ganz in der Nachahmung verhaftet, was mit Unselbständigkeit einhergeht, oder es steckt schon stark in der Begriffssphäre. Dann wäre das Kind in erster Linie über Worterklärungen ansprechbar und hätte mit grosser Wahrscheinlichkeit Schwierigkeiten, sich in eine Gruppe mit gleichaltrigen Kindern zu integrieren. Die Nachahmungsfähigkeit, die ein unvergleichlicher Begabungsstrom ist, verwandelt sich an der Schwelle des Schuleintritts. Es ist wichtig, dass das Kind noch von diesem Strom getragen ist, aber es sollte darüber hinaus auch in der Lage sein, sich in bestimmten Grenzen schon selbständig zu betätigen.

Solche Übungen wird jeder Lehrer auf seine Art variieren oder ergänzen. Je mehr Übungen er zur Verfügung hat und anwendet, desto mehr wird er von der „Norm", die ein Schulkind erfüllen soll, weggeführt und auf all die individuellen Eigenarten und Fähigkeiten aufmerksam, die die Kinder mitbringen und die den Reichtum einer Klasse ausmachen.

Ob nun Arzt und Lehrer getrennt oder zusammen ihre Untersuchungen durchführen und ob diese mit einer Kindergruppe oder jeweils nur mit einem Kind vonstatten gehen, wird aus mancherlei guten Gründen unterschiedlich gehandhabt. Wichtig ist, dass Arzt und Lehrer ihre Beurteilungsergebnisse zusammentragen, denn erst aus dieser Zusammenschau ergibt sich für die Eltern die richtige Grundlage, auf der sie den so wichtigen Entschluss für den Schuleintritt ihres Kindes fassen können.

Nicht immer ist es leicht, dass alle drei Parteien das Gespräch zusammen so führen können, dass nicht ein Teil
dominiert. Nehmen wir folgenden Fall: Es gibt Kinder, die
alle die Übungen, die der Lehrer mit ihnen macht, wunderbar können, obwohl sie in der körperlichen Entwicklungsreife einen erheblichen Rückstand haben. Vielleicht ist eines
dieser Kinder noch sehr jung. Wie werden die Eltern mit dieser Situation fertig, wenn sie auf die Gefahr hingewiesen
werden, dass ihrem Kind durch die Schulbildung Kräfte
entzogen werden, die es für die Körperbildung noch
braucht? Die Folge einer verfrühten Einschulung kann eine
gesundheitliche Beeinträchtigung und damit verbunden
eine schwache Schulleistung sein. Die Doppelaufgabe des
Kindes – Wachsen *und* Lernen – ist das zentrale Thema. Können die Eltern einsehen, dass die Priorität eindeutig auf der
Seite des Wachstums, also der Ausgestaltung der Körperbildung liegt und für das Lernen nur der Überschuss an Vital-
kräften verbraucht werden darf?

Wie wichtig ist bei allen noch so verständlichen Wünschen und Sorgen, die jeder einzelne in einer solchen Gesprächsrunde in sich trägt, dass schliesslich doch im Kreis
der Verantwortlichen dasjenige herausgeschält wird, was
der Entwicklung des *Kindes* am besten entspricht. In der
Bemühung um das richtige Urteil gilt der Leitsatz: Das Kind
gibt den Ausschlag! – Es hat sich übrigens in der Praxis
erwiesen, dass es im Zweifelsfall besser ist, mit der Einschulung zu warten. Eine wissenschaftliche Untersuchung in
den USA hat die negativen Auswirkungen auf zu früh eingeschulte Kinder eindeutig unter Beweis gestellt[17].

Aber auch der umgekehrte Fall ist möglich: Die Körperreife ist gegeben, aber der Lehrer äussert seine Bedenken in
bezug auf die seelische und geistige Eignung. Es kann vielleicht sein, dass es sich um ein Einzelkind handelt, das bis-

her kaum mit anderen Kindern zusammen gespielt hat, das noch nie angeleitet wurde, ein kleines Ämtchen selbständig auszuführen. Statt dessen ist es nur bedient worden. Es hat also noch nie gelernt, selber ein wenig Ordnung zu halten. Es kann kaum folgen, und es fällt ihm schwer, etwas zu tun, was es nicht mag. So ein Kind wird mit grosser Wahrscheinlichkeit Schwierigkeiten haben, im Unterricht aufzupassen und sich in die Klassengemeinschaft einzufügen. Man könnte geneigt sein, solche Kinder als „nicht schulreif" anzusehen. Das muss aber nicht der Fall sein. Die Schulreife kann in gewisser Weise vorhanden sein, wohl aber fehlt ihre Pflege, also die Schulfähigkeit. So lernt ja das Kind zum Beispiel die soziale Reife erst im Umgang mit Gleichaltrigen im Kindergarten, wodurch das egozentrische Verhalten des Kleinkindes überwunden wird.

Man kann es sich gut vorstellen, wie unter solchen Umständen schon das erste „Schulgespräch" zu einer Art Bewährungsprobe für Arzt, Lehrer und Eltern werden kann. Wird es gelingen, gemeinsam den Boden für die Zukunft richtig vorzubereiten?

Trotz einer gewissen Entwicklungsreife und einem Elternhaus, in dem man sich alle Mühe gibt, kann es der Fall sein, dass das Kind schon bei manchen einfachen Übungen grosse Schwierigkeiten hat. Hier kann eine Entwicklungsstörung oder Retardierung vorliegen, deren Prognose um so günstiger ist, je früher sie abgeklärt wird, weil dann eine gezielte Therapie frühzeitig eingesetzt werden kann. In einem solchen Fall ist natürlich eine offene und vertrauensvolle Zusammenarbeit zwischen Elternhaus und Schule von grösster Bedeutung.

Als Schema ergibt sich folgendes Dreieck:

SCHULEINTRITT
(*Eltern*, Entschluss)

Normalklasse, Rückstellung, Sonderbetreuung

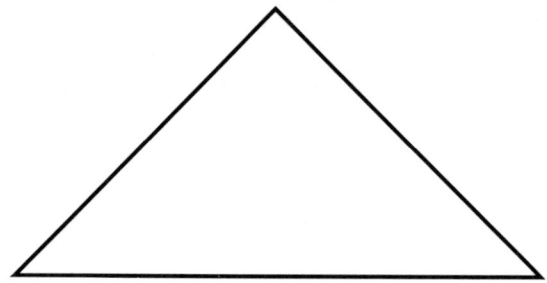

SCHULREIFE   SCHULFÄHIGKEIT
(*Arzt*, Beurteilung)   (*Lehrkraft*, Beurteilung)

Gestaltwandel   Seelisch-geistige Entwicklung
Zahnwechsel   Nachahmungsfähigkeit
Lateralisierung   Soziales Verhalten
Gesundheit

im Verhältnis zu

Alter, Grösse,
Gewicht, Geschlecht

*

Es bleibt noch eine Frage: Warum steht das Kapitel der Schulreife, die doch vor Schulbeginn abgeklärt wird, nicht am Anfang, sondern am Schluss dieses Buches? Denken wir doch an die unglückliche Sarah: Wurden etwa bei ihr die Schulreife und die Schulfähigkeit auch erst am Ende der ersten Klasse abgeklärt?

Dann könnte darin der Grund für Sarahs negative Schulerfahrung liegen, von der wir auf der ersten Buchseite erfahren haben. Vielleicht war sie – warum und wieso, sei dahingestellt – in die Schule gekommen, ohne wirklich den Anforderungen gewachsen zu sein, und musste darum eine Klasse wiederholen. Es wäre dann die Aufgabe der Erziehenden, zu sagen: Sarah, *wir* haben uns geirrt, indem wir dich ein Jahr zu früh in die Schule geschickt haben. Darum ist es für dich besser, wenn du jetzt eine Klasse zurückgehst.

In einer Waldorfschule ist es nicht üblich, eine Klasse zu wiederholen, und deshalb kommt der Abklärung der Schulreife hier die allergrösste Bedeutung zu.

Steht also im Schulleben die sorgfältige Abklärung des Schuleintrittes am Anfang, so findet hier der Leser dieses Kapitel am Schluss. In dieser Darstellung geht es darum, zuerst die Grundlagen zusammenzutragen, um dann zu einem fundierten Urteil zu gelangen.

Die Frage, ob das Kind reif und fähig für die Schule ist, sollte nicht die einzige sein, die der Lehrer stellt. Er sollte sich auch selber fragen, ob er reif und fähig ist, Kinder zu erziehen.

Bei einem Lehrer, der sich diese Frage stellt, hätte sich Sarah wahrscheinlich am besten entwickelt.

Dreizehnter Rückblick

Der dreizehnte Rückblick handelt diesmal nicht von der Schule, sondern von dem, was Sie gelesen haben, und auch davon, wie es zu diesem Buch gekommen ist.

Vor einem Jahr versprach ich meinem geschätzten ehemaligen Kollegen, dem jetzigen Verleger Josef Morel, über das siebte Lebensjahr zu schreiben. Dieses Thema sollte in einem dritten Bändchen der Reihe „Das neunte Lebensjahr" und „Das zwölfte Lebensjahr" hinzugefügt werden. Mir leuchtete es ein, dass die drei wichtigsten Schwellen, die das Kind zu Beginn und während seiner Schulzeit überschreitet, erst mit einer „Trilogie" erfasst werden. Da ich gerade wieder einmal eine erste Klasse in meinem bald 30jährigen Lehrerleben abgeschlossen hatte, machte ich mich gleich an die Arbeit und hoffe nun, dass dem Leser noch etwas von der frischen Erlebnisgrundlage spürbar ist. Bei dieser Arbeit waren mir Zuspruch und Rat von Dr. med. Rosselke Zech Wertheim-Aymes eine wichtige Hilfe. Ihr bin ich zu besonderem Dank verpflichtet.

Wochenrückblicke, wie sie sich durch das ganze Buch hindurchziehen, schreibe ich seit vielen Jahren. Und je länger ich mich damit befasse, desto klarer wird es mir, was für ein wertvolles Instrument sie sind. Wenn Eltern und Schule Freuden und Sorgen teilen, können sie zu einer echten Lebensgemeinschaft heranwachsen! Nehmen wir etwas von den „Leiden": In der Klasse kann zum Beispiel eine Randgruppe keine Spiegelformen zeichnen, ein paar andere Kinder können nicht flöten, wieder andere haben Sprachstörungen. Schwierigkeiten, die es immer wieder gibt. Wie soll der Lehrer sich verhalten? Vielleicht bekommt er besonders tiefe Sorgenfalten, jammert viel, oder er nimmt es einfach auf die leichte Schulter. In solchen Fällen werden in seiner Klassenführung eine ganz besondere Art von „Bakterien" gedeihen, und es wird früher oder später etwas auf ihn zu kommen, das er als unverschuldet, ungerecht und in jedem Fall als unangenehm empfinden wird.

Es gibt aber ausser den seelischen Reflexen, wie Zwängen oder Verdrängen, auch die Möglichkeit, obige Situation ins Bewusstsein zu heben, und zwar ins Bewusstsein jener Menschen, die davon ebenso betroffen sind wie der Klassenlehrer selbst. Und dafür sind Wochenrückblicke, an die Adresse der Eltern gerichtet, ein taugliches Instrument. Hier können Schwierigkeiten mit Randgruppen frühzeitig thematisiert werden. Die Eltern werden dann darauf aufmerksam, dass ihr Kind vielleicht derzeit in einer Abseitsposition steht, in einer Situation, die noch gar nicht schlimm oder schwierig ist, es aber werden könnte, wenn die notwendige Beachtung, vielleicht nur ein ermutigendes Wort, unterbliebe. Kurzum, es können erzieherische Impulse angeregt werden und aus den überwundenen „Leiden" richtige Freuden werden, von denen die ganze Lebensgemeinschaft etwas hat.

Gerade in einer ersten Klasse kann so ein Zusammenspiel von Schule und Elternhaus besonders gut eingeübt werden, weil der allgemeine Enthusiasmus noch gross ist und alle stärkt. Auch sind die Hindernisse im Verhältnis zu den nachfolgenden Jahren noch klein, und damit sind auch die inneren Widerstände noch relativ leicht zu überwinden.

Häufig genug können wir in unserem eigenen Leben beobachten, dass es innere Situationen gibt, bei denen es uns nicht gelingen will, sie ins Bewusstsein zu heben, was uns mit der Zeit aber belasten kann. Manchmal stehen wir dann unvermutet vor Engpässen, die sich scheinbar von aussen ergeben, oder eine Krankheit überrascht uns. Auch eine Klassenführung hat eine Entwicklung, die einer Biographie ähnlich ist. Darum ist es notwendig, dass Menschen da sind, die diesen Prozess immer wieder mit Bewusstsein durchdringen. Gelingt es, Funken von der Schule ins Elternhaus überspringen zu lassen, so sind die Voraussetzungen für eine segensreiche Pädagogik die allerbesten. Das Motto, das Rudolf Steiner für die Sozialethik gegeben hat – der Leser hat es schon auf der ersten Buchseite finden können –, ist ganz besonders auch das Motto für eine zeitgemässe Pädagogik. Sie wird danach streben, die Sozial- und Selbstkompetenz gleichwertig auszubilden.

Manche Lehrer und manche Eltern möchten aber lieber ihre Ruhe haben. Sie scheuen vor zu viel Nähe zurück. Auch befürchten sie, dass es zu Auseinandersetzungen kommen könnte. Das ist verständlich und in manchen Fällen vielleicht auch richtig. Ich muss aber auch an einen Satz von Konfuzius denken: Das Rechte erkennen und nicht tun ist Mangel an Mut.

*

Noch ein Wort zu Polarität und Steigerung: Falls sich der Leser noch daran erinnert, dass erst durch die Trennung in links und rechts eine wirkliche Verbindung und sogar Steigerung des Bewusstseinsprozesses möglich wird, so möchte ich noch persönlich hinzufügen, dass in unserer Ehe durch die Trennung in Medizin – meine Ehefrau – und Pädagogik – ich selber – die besten Ideen geboren worden sind; insbesondere das Kapitel über die Kinderkrankheiten verdanke ich meiner Frau. Aber auch der befreiende Gedanke, Linkshändigkeit nicht als Veranlagung zu fixieren, sondern als Stufe eines Inkarnationsvorganges, der *erübt* sein will, zu verstehen, öffnete erst den Zugang zu dem Problem *rechts oder links?* In diesem Zusammenhang konnte dann die Lateralisierung so dargestellt werden, dass es dem Leser ersichtlich wird, warum diese ein so zentrales Thema des siebten Lebensjahres ist.

Vorschau. „Das neunte Lebensjahr" beschreibt die nächste Schwelle, die das Kind überschreitet, wenn es den „Umzug im eigenen Hause" vollzieht.

„Das zwölfte Lebensjahr" handelt vom Eintritt in die Vorpubertät, in der der junge Mensch lernt, seinen eigenen Willen zu ergreifen.

166

Anmerkungen und Literatur

1 Rudolf Steiner, Wie erlangt man Erkenntnisse der höheren Welten? (GA 10), Dornach 1993.

2 Aus: Das Goetheanum, Wochenschrift für Anthroposophie, Beilage „Was in der Anthroposophischen Gesellschaft vorgeht", Nr. 4 vom 28. April 1996 (siehe Faksimile).

Ein beachtenswerter Brief
für alle, die um die Waldorfpädagogik bemüht sind

Hanna Krämer-Steiner, zuletzt lebend in Wien, gehörte zum persönlichen Schülerkreis von Rudolf Steiner. Sie war Pädagogin und wird wohl noch etlichen Mitgliedern durch Vorträge in verschiedenen Zweigen, durch Artikel im *Goetheanum* und nicht zuletzt durch ihr Buch *Geistimpulse in der Geschichte des tschechischen Volkes* bekannt sein. Im März 1984 verstarb sie, im Juli 1983 erreichte mich folgender Brief, der auszugsweise hier zur Kenntnis gegeben werden soll:

„... Noch eine Frage: Sie führen im Morgenspruch an (dies bezieht sich auf das Euch: ,Künstlerisches Sprechen im Schulalter'): der Sonne *liebes Licht* ... Ich erhielt den Spruch schon im Todesjahr Dr. Steiners von Hahn in der Form, der Sonne *Liebeslicht*, was ich auch geistgemässer finde. Die Lehrer der hiesigen Schule haben auch *liebes Licht*. Es ist ja manches, was Dr. Steiner angab, jetzt verändert. Ein Beispiel, das mich tief kränkt: In den gedruckten Ausgaben des Methodisch-Didaktischen steht für den ersten Schultag: *IC*, also grader und krummer Strich und damit Schluss. Dr. Steiner ergänzte das aber und sagte: Am nächsten Tag wiederholen Sie *IC*, fügen aber etwas hinzu: *ICH*. Und jetzt sagen Sie den Kindern: Ihr habt jetzt das erste Wort geschrieben, nämlich das Wort ICH. Mir scheint dies ganz wichtig, denn es ist ja das einzige Wort, das auch im alten Goetheanum stand. Ich bekam den Vortrag, in dem das steht, im Jahre 1922 im Auftrag Dr. Steiners von Walter Stein. Leider ist er mir in der Hitlerzeit verlorengegangen. Ich verstehe nicht, dass niemand das weiss, es macht mich ganz unglücklich. Näheres darüber mündlich, wenn wir uns im Herbst *hoffentlich* in Wien wiedersehen! Allerherzlichst die uralte Krämerin"

In dem genannten Jahr 1922 konnte in den Vorträgen bisher nichts Diesbezügliches gefunden werden. Da jedoch diese Aussage von tiefster Bedeutung ist, in den Lehrerseminaren aber – soweit bekannt – noch nicht lebt, möchte ich die Frage anschliessen, ob andere Freunde davon auch Kenntnis haben?

Christa Slezak-Schindler, Unterlengenhard

Im Archiv der Rudolf-Steiner-Nachlassverwaltung befindet sich die einzig bekannte, hier im Faksimile abgebildete Handschrift Rudolf Steiners zu diesem Spruch (Notizzettel Archiv-Nr. 5372).

> Der Sonne liebes Licht,
> Es hellet mir den Tag;
> Der Seele Geisteskraft,
> Sie giebt den Gliedern Kraft;
> Im Sonnen Lichtes Glanz
> Verehre ich, o Gott
> Die Menschen Kraft, die Du
> In meine Seele mir
> So gütig hast gepflanzt,
> Dass ich kann arbeitsam
> und lernbegierig sein.
> Von dir stammt Luft und Kraft
> Zu dir ström' Lieb und Dank.

3   Paul Baumann, Lieder der Waldorfschule. 62 Lieder zu Dichtungen
    verschiedener Autoren. Texte und Noten für Klavierbegleitung, Heft
    1–4, Dornach 1977 ff.

4   *Erste Abbildung:* Kuros von Melos, Anfang bis Mitte des 6. Jahrhunderts.
    Zweite Abbildung: Apollon vom Piräus, letztes Viertel des 6. Jahrhunderts.
    Dritte Abbildung: Poseidon von Artemision, um die Mitte des 5. Jahrhunderts.

5   Rudolf Steiner, Die geistig-seelischen Grundkräfte der Erziehungskunst.
    Spirituelle Werte in Erziehung und sozialem Leben (GA 305),
    Dornach 1991, 1. Vortrag.

6   Marguerite Lobeck, Alle Quellen sprudeln wieder … Sprüche und
    Gedichte für Jung und Alt zu Eurythmie und Sprache, Basel 1986.

7   Ausser zwei gehen alle Zahlenreihen nach den folgenden Figuren:
    Zehnstern und Zehneck für die ungeraden, *Fünfstern und Fünfeck* für die
    geraden Zahlenreihen. Ausnahmen: 10er- und 5er-Reihe.

8   Das Meerhäschen

Es war einmal eine Königstochter, die hatte in ihrem Schloss hoch
unter der Zinne einen Saal mit zwölf Fenstern, die gingen nach allen
Himmelsgegenden, und wenn sie hinaufstieg und umherschaute, so
konnte sie ihr ganzes Reich übersehen. Aus dem ersten sah sie schon
schärfer als andere Menschen, in dem zweiten noch besser, in dem
dritten noch deutlicher und so immer weiter bis in dem zwölften, wo
sie alles sah, was über und unter der Erde war und ihr nichts verborgen
bleiben konnte. Weil sie aber stolz war, sich niemand unterwerfen
wollte und die Herrschaft allein behalten, so liess sie bekanntmachen,
es sollte niemand ihr Gemahl werden, der sich nicht so vor ihr verstecken
könnte, dass es ihr unmöglich wäre, ihn zu finden. Wer es aber
versuche und sie entdecke ihn, so werde ihm das Haupt abgeschlagen
und auf einen Pfahl gesteckt. Es standen schon siebenundneunzig
Pfähle mit roten Häuptern vor dem Schloss, und in langer Zeit meldete
sich niemand. Die Königstochter war vergnügt und dachte: Ich
werde nun für mein Lebtag frei bleiben. Da erschienen drei Brüder vor
ihr und kündigten ihr an, dass sie ihr Glück versuchen wollten. Der
älteste glaubte sicher zu sein, wenn er in ein Kalkloch krieche; aber sie
erblickte ihn schon aus dem ersten Fenster, liess ihn herausziehen und
ihm das Haupt abschlagen. Der zweite kroch in den Keller des Schlosses,
aber auch diesen erblickte sie aus dem ersten Fenster, und es war
um ihn geschehen; sein Haupt kam auf den neunundneunzigsten

Pfahl. Da trat der jüngste vor sie hin und bat, sie möchte ihm einen Tag Bedenkzeit geben, auch so gnädig sein, es ihm zweimal zu schenken, wenn sie ihn entdecke; misslinge es ihm zum drittenmal, so wolle er sich nichts mehr aus seinem Leben machen. Weil er so schön war und so herzlich bat, so sagte sie: „Ja, ich will dir das bewilligen; aber es wird dir nicht glücken."

Den folgenden Tag sann er lange nach, wie er sich verstecken wollte, aber es war vergeblich. Da ergriff er seine Büchse und ging hinaus auf die Jagd. Er sah einen Raben und nahm ihn aufs Korn; eben wollte er losdrücken, da rief der Rabe: „Schiess nicht, ich will dir's vergelten!" Er setzte ab, ging weiter und kam an einen See, wo er einen grossen Fisch überraschte, der aus der Tiefe herauf an die Oberfläche des Wassers gekommen war. Als er angelegt hatte, rief der Fisch: „Schiess nicht, ich will dir's vergelten!" Er liess ihn untertauchen, ging weiter und begegnete einem Fuchs, der hinkte. Er schoss und verfehlte ihn; da rief der Fuchs: „Komm lieber her und zieh mir den Dorn aus dem Fuss." Er tat es zwar, wollte aber dann den Fuchs töten und ihm den Balg abziehen. Der Fuchs sprach: „Lass ab, ich will dir's vergelten!" Der Jüngling liess ihn laufen, und da es Abend war, kehrte er heim.

Am andern Tag sollte er sich verkriechen, aber wie er sich auch den Kopf darüber zerbrach, er wusste nicht wohin. Er ging in den Wald zu dem Raben und sprach: „Ich habe dich leben lassen, jetzt sage mir, wohin ich mich verkriechen soll, damit mich die Königstochter nicht sieht." Der Rabe senkte den Kopf und bedachte sich lange. Endlich schnarrte er: „Ich hab's heraus!" Er holte ein Ei aus seinem Nest, zerlegte es in zwei Teile und schloss den Jüngling hinein; dann machte er es wieder ganz und setzte sich darauf. Als die Königstochter an das erste Fenster trat, konnte sie ihn nicht entdecken, auch nicht in den folgenden, und es fing an, ihr bange zu werden, doch im elften erblickte sie ihn. Sie liess den Raben schiessen, das Ei holen und zerbrechen, und der Jüngling musste herauskommen. Sie sprach: „Einmal ist es dir geschenkt, wenn du es nicht besser machst, so bist du verloren."

Am folgenden Tag ging er an den See, rief den Fisch herbei und sprach: „Ich habe dich leben lassen, nun sage, wohin soll ich mich verbergen, damit mich die Königstochter nicht sieht." Der Fisch besann sich, endlich rief er: „Ich hab's heraus! Ich will dich in meinen Bauch verschliessen." Er verschluckte ihn und fuhr hinab auf den Grund des Sees. Die Königstochter blickte durch ihre Fenster, auch im elften sah sie ihn nicht und war bestürzt, doch endlich im zwölften entdeckte sie ihn. Sie liess den Fisch fangen und töten, und der Jüngling kam zum Vorschein. Es kann sich jeder denken, wie ihm zumute war. Sie sprach: „Zweimal ist dir's geschenkt; aber dein Haupt wird wohl auf den hundertsten Pfahl kommen." – An dem letzten Tag ging er mit schwerem Herzen aufs Feld und begegnete dem Fuchs. „Du weisst alle Schlupfwinkel zu finden", sprach er, „ich habe dich leben lassen, jetzt rat mir, wohin ich mich verstecken soll, damit mich die Königstochter nicht findet." – „Ein schweres Stück", antwortete der Fuchs und machte ein bedenkliches Gesicht. Endlich rief er: „Ich hab's heraus!" Er ging mit ihm zu einer Quelle, tauchte sich hinein und kam als Marktkrämer und Tierhändler heraus. Der Jüngling musste sich auch in das Wasser tauchen und ward in ein kleines Meerhäschen verwandelt. Der Kaufmann zog in die Stadt und zeigte das artige Tierchen. Es lief viel Volk zusammen, um es anzusehen. Zuletzt kam auch die Königstochter, und weil sie grossen Gefallen daran hatte, kaufte sie es und gab dem Kaufmann viel Geld dafür. Bevor er es ihr hinreichte, sagte er zu ihm: „Wenn die Königstochter ans Fenster geht, so krieche schnell unter ihren Zopf." Nun kam die Zeit, wo sie ihn suchen sollte. Sie trat nach der Reihe an die Fenster vom ersten bis zum elften und sah ihn nicht. Als sie ihn auch bei dem zwölften nicht sah, war sie voll Angst und Zorn und schlug es so gewaltig zu, dass das Glas in allen Fenstern in tausend Stücke zersprang und das ganze Schloss erzitterte.

Sie ging zurück und fühlte das Meerhäschen unter ihrem Zopf; da packte sie es, warf es zu Boden und rief: „Fort, mir aus den Augen!" Es lief zum Kaufmann, und beide eilten zur Quelle, wo sie sich untertauchten und ihre wahre Gestalt zurückerhielten. Der Jüngling dankte dem Fuchs und sprach: „Der Rabe und der Fisch sind blitzdumm gegen dich, du weisst die rechten Pfiffe, das muss wahr sein!"

Der Jüngling ging geradezu in das Schloss. Die Königstochter wartete schon auf ihn und fügte sich ihrem Schicksal. Die Hochzeit ward gefeiert, und er war jetzt der König und Herr des ganzen Reiches. Er erzählte ihr niemals, wohin er sich zum drittenmal versteckt und wer ihm geholfen hatte, und so glaubte sie, er habe alles aus eigener Kunst getan, und hatte Achtung vor ihm; denn sie dachte bei sich: Der kann doch mehr als du!   *Nach Brüder Grimm*

9   Novalis, Fragmente und Studien 1799–1800, Nr. 75.
10   Urs B. Schad: „Pädiatrische Infektionskrankheiten IV", in: Pädiatrische Fortbildungskurse für die Praxis, Band 59, hrsg. von E. Ross, Bern, S. 58.
11   Wolfgang Goebel/Michaela Gloeckler, Kindersprechstunde. Ein medizinisch-pädagogischer Ratgeber. Erkrankungen – Bedingungen gesunder Entwicklung – Erziehung als Therapie, Stuttgart ¹¹1995.
12   Rudolf Steiner, Entsprechungen zwischen Mikrokosmos und Makrokosmos. Der Mensch – eine Hieroglyphe des Weltenalls (Der Mensch

in seinem Zusammenhang mit dem Kosmos, Band I. – GA 201), Dornach 1987, 1. Vortrag.

13 P. Mesker/J. Hofhuizen-Hegenmeyer, Kunnen en niet kunnen, Assen 1981.
14 Vera F. Birkenbihl, Stroh im Kopf? Gebrauchsanleitung fürs Gehirn, Speyer [8]1992.
15 Rudolf Steiner, Die Rätsel der Philosophie in ihrer Geschichte als Umriß dargestellt (GA 18), Dornach 1985, S. 4 ff.
16 Rudolf Steiner, Konferenzen mit den Lehrern der Freien Waldorfschule 1919 bis 1924, Band III (GA 300c), Dornach 1995, S. 15.

17 James K. Uphoff (Universität Dayton, USA)/June E. Gilmore (Middletown, USA), Einschulungsalter – Wie viele Schüler sind leistungsbereit?

Kinder, die entwicklungsmässig nicht so weit sind, dass sie den Anforderungen der Schule gewachsen sind, werden manchmal ein Leben lang benachteiligt.

Viele wohlmeinende, aber schlecht informierte Eltern und Pädagogen treiben junge Kinder zu früh in unsere Schulsysteme. Wenn Kinder mit der Schule anfangen, ehe sie entwicklungsmässig dazu bereit sind, erhöht sich die Wahrscheinlichkeit, dass sie scheitern werden, ganz dramatisch.

Untersuchungen bezüglich des akademischen Erfolges früh eingeschulter Kinder

Ein Grossteil der Untersuchungen, die wir betrachten werden, vergleicht Kinder, die jünger als 6 Jahre, 3 Monate bei der Einschulung in die erste Klasse waren, mit solchen, die bis zu 7 Jahre, 3 Monate zu diesem Zeitpunkt waren. Erstere heissen oft „Sommerkinder", weil sie zwischen Juni und September Geburtstag haben.

Kurz zusammengefasst:
1. Die älteren Kinder in einer Klasse haben meist mehr und öfter überdurchschnittlich gute Noten als die jüngeren.
2. Ältere Kinder neigen auch dazu, überdurchschnittlich abzuschneiden bei standardisierten Leistungsprüfungen.
3. Jüngere Kinder einer Klasse werden viel eher sitzenbleiben als ältere.
4. Die jüngeren Kinder in einer Klasse werden viel eher zur Untersuchung auf Lernbehinderung geschickt und dann auch als lernbehindert eingestuft als die älteren.

172

5. Die akademischen Schwierigkeiten der jüngeren Kinder, die entwicklungsmässig nicht schulreif waren bei der Einschulung, verfolgen diese Kinder oft während ihrer ganzen Schulzeit und bis ins Erwachsenenalter hinein.

Zum Beispiel zeigt eine Studie von 278 Schülern in der Grundschule von Hebron (Nebraska) (Uphoff 1985), dass 23% der Kinder Geburtstag hatten zwischen dem 1. Juni und dem 15. Oktober, dem Stichtag für die Einschulung in Nebraska. Weitere 9% hatten in derselben Zeit Geburtstag, waren aber vor der Einschulung ein Jahr zurückgestellt worden. Die jüngere Gruppe SK (Sommerkinder) lieferte 75% der Schulversager dieser Schule, während keine der ZSK (zurückgestellten Sommerkinder) eine Klasse wiederholen mussten.

Die Studie fand auch heraus, dass, obwohl die SK im allgemeinen einen höheren IQ hatten (Mädchen: 115, Jungen: 107) als die ZSK (M: 101, J: 100), die letzteren eine höhere Durchschnittsnote erreichten bei dem IOWA-Test von Grundwissen. Mit anderen Worten: die weniger intelligenten, aber älteren, reiferen Schüler konnten ihre Fähigkeiten besser einsetzen als die jüngeren, intelligenteren Schüler.

Eine Langzeitstudie in Wapakonetal (Ohio) verglich Sommerkinder, die zum frühestmöglichen Termin eingeschult worden waren, mit solchen, deren Eltern sie ein Jahr zurückbehalten hatten (Gilmore 1984). Alle Schüler hatten mindestens schon die 3. Klasse beendet, manche bereits die 6. Klasse. Es standen also die Unterlagen von 4–7 Jahren zur Verfügung. Die Tabelle zeigt, dass die älteren, reiferen Schüler deutlich bessere Durchschnittsnoten beim IOWA-Test erzielten als die jüngeren.

Vergleich zwischen Durchschnittsnoten der SK (früh eingeschulte Sommerkinder) und der ZSK (zurückgestellte, spät eingeschulte Sommerkinder) bei dem IOWA-Test von Grundwissen:

	Jungen:		*Mädchen:*	
	SK	ZSK	SK	ZSK
Überdurchschnittlich	27%	79%	22%	71%
Durchschnittlich	33%	8%	50%	29%
Unterdurchschnittlich	40%	13%	28%	0%

Gilmore verglich auch alle von den Lehrern gegebenen Noten. Diese werden oft beeinflusst von solchen Faktoren wie Mitarbeit, Einstellung, Einsatzbereitschaft – mit anderen Worten: Reife des Schülers. Auch diese waren besser bei älteren Schülern, die grössere Schulreife besassen, als sie anfingen. 60% der SK-Mädchen und 100% der ZSK-Mädchen bekamen überdurchschnittliche Noten. Bei den Jungen waren es 47% bei SK-Jungen und 81% bei ZSK.

Huff (1984) berichtet von einer Gruppe „Risiko"-Kindern, die in einer Schule in Beavercreek (Ohio) vor Kindergartenbeginn (also 1 Jahr vor der Einschulung in diesem Staat, Anm. d. Übersetzers) identifiziert wurden. Ihre Leistungen wurden 3 Jahre lang verfolgt. 15 Eltern hatten ihre Kinder ein Jahr zurückstellen lassen, 21 taten dies nicht. In der 2. Klasse zeigte sich folgendes: Die zusammengezählten Noten, die beim IOWA-Test von den zurückgestellten Kindern erzielt wurden, waren eine halbe Note besser als die der früh eingeschulten. Darüber hinaus hatten 15 der 21 früh eingeschulten Kinder mindestens eine Klasse wiederholt, so dass die jüngeren durchschnittlich 6 Monate länger in der Schule gewesen waren, um 5 Monate weniger zu erreichen als die älteren.

Schädigungen zeigen sich auch auf anderen Gebieten

Die Probleme für zu früh eingeschulte Kinder sind schlimmer geworden seit 1957, als Sputnik dazu führte, dass immer mehr Lernstoff immer früher durchgenommen wurde. Das, was früher in der 1. Klasse unterrichtet wurde, wird heute vielfach schon im Kindergarten durchgenommen. Dennoch existierten die Probleme auch schon vorher und wurden auch vorher schon dokumentiert.

Nach einer Studie bei 500 Schülern (Kindergarten bis 12. Klasse) in Montclair (New Jersey) berichtet Forester (1955): „… die Schüler, die sehr begabt, aber sehr jung waren bei der Einschulung, konnten ihre Möglichkeiten nicht voll ausschöpfen. Sie neigten dazu, physisch unterentwickelt und emotional labil zu sein. Sie weinten häufig. Sie zeigten selten Führungsqualitäten. Von der Mittelstufe an (6.–7. Klasse) erreichten 50% von ihnen nur noch die Note ‚befriedigend'. Auf der anderen Seite waren die sehr Begabten, spät Eingeschulten im allgemeinen während der gesamten Schulzeit hervorragende Schüler … Oft wird ein frühes Einschulen während der ganzen Schulzeit Schwierigkeiten machen und kann sogar das erwachsene Leben negativ beeinflussen."

Mawhinney (1964) berichtet, warum die Schulen in Grosse Point (Michigan) ein Früheinschulungsprogramm für sehr begabte Kinder nach einer 14 Jahre andauernden Studie wieder einstellten. Die Resultate:

1. Fast $\frac{1}{3}$ der Früheingeschulten hatten Anpassungsschwierigkeiten.
2. Nur $\frac{1}{20}$ der Früheingeschulten wurden am Ende der Studie als mit hervorragenden Führungsqualitäten ausgerüstet eingestuft.
3. Fast drei von vieren zeigten überhaupt keine Führungsqualitäten.
4. Etwa $\frac{1}{4}$ der sehr begabten Früheingeschulten war entweder unter dem Durchschnitt oder musste sogar eine Klasse wiederholen.

174

Bei der Untersuchung von Vor- und Nachteilen einer Vorschulpflicht bemerkt Soderman (1984) das „Herunterrieseln" des Lernstoffes im Laufe der letzten Jahre. Sie sagt folgendes:

4- bis 5jährige Kinder haben ein echtes Spielbedürfnis, und die Qualität und Quantität ihrer Spielzeit wirkt sich später aus auf ihre Denkfähigkeit, Entscheidungsfähigkeit und ihre Fähigkeit, mit schwierigen Situationen fertigzuwerden. Die American Academy of Pediatricians hat ihre Besorgnis zum Ausdruck gebracht angesichts der dramatischen Zunahme von durch Stress verursachten Symptomen bei kleinen Kindern.

Da wir von solchen und ähnlichen Ansichten wussten und auch von der grossen Zunahme von Jugendsuiziden in den USA in den letzten 20 Jahre (etwa die Zeitspanne, in der der Lehrplan langsam „heruntergesickert" ist), beschlossen wir, in Montgomery County (Ohio) eine Studie zu machen (Uphoff und Gilmore, 1984). Wir untersuchten alle Jugendsuizide (25 Jahre alt oder jünger), die verübt wurden zwischen Anfang 1983 und Mitte 1984. Sommerkinder machen etwa 35% der gesamten Kinder aus in Ohio. Männliche Jugendsuizide waren zu 45% Sommerkinder; zählt man die im Oktober und November Geborenen dazu (noch früher eingeschult), sind es sogar 55%. Bei den weiblichen Jugendsuiziden waren es sogar erschreckende 83% Sommerkinder.

Wenn diese Zahlen durch eine zur Zeit laufende, grössere Studie noch bestätigt werden, dann ist ihre Botschaft für Lehrer und Eltern sehr laut und deutlich. Ames und Ilg (1979) bringen es vielleicht am besten zum Ausdruck: Geburtsdatum oder Kalenderalter besagt nichts über die Schulfähigkeit eines Kindes. Wir vertreten, dass die Reife und nicht das Alter ausschlaggebend sein sollte für die Einschulung und spätere Versetzung. (Mit „Einschulung" ist der Eintritt in den Kindergarten gemeint.)

Viel zu früh für zu viele

Die gegenwärtige Situation hat offensichtlich eingebaute Erwartungen und Voraussetzungen, die für viele Kinder ganz einfach zu viel und zu früh sind. Der 1983 in „Newsweek" erschienene Leitartikel „Die Erziehung von Super Baby" macht geltend, dass frühes Lernen von Psychologen angegriffen wird, nicht nur, weil es nicht funktioniert, sondern weil es die Entwicklung von deren Fähigkeiten beeinträchtigt. Der Artikel zitiert Craig Ramay von der Universität von North Carolina: „Der Druck, auf akademischem Gebiet etwas zu leisten, geht auf Kosten von anderem, z. B.: der Entwicklung von sozialen Fähigkeiten." Der Artikel geht weiter: „Was noch schlimmer ist, frühes Lernen kann das Gegenteil von dem erreichen, was gewollt wird. Ein sicheres Rezept für Schwierigkeiten ist das Lernen unter Druck. Wissenschaftler wissen nicht genau, wie Informationen ins Gehirn gelangen, aber es gibt Hinweise, dass Erfahrungen, die mit unangenehmen Gefühlen einhergehen, nicht gespeichert werden. Wenn eine Stunde mit Lernkarten ein Kind verängstigt, wird es den betreffenden Lerninhalt unter Umständen nie aufnehmen – und zukünftiger Unterricht wird weniger erfolgreich sein."

Ilg und Ames (1951) vom Gesell Institute fassten das Problem des „unreifen" Kindes vor über 30 Jahren folgendermassen zusammen: „Zu oft greifen wir die Einstellung des Kindes an, indem wir sagen: ‚Er könnte es besser, wenn er wollte', wenn es zutreffender wäre zu sagen: ‚Er täte es besser, wenn er könnte.'

Übersetzung: G. Scholter, Stuttgart

Quellenangaben

– Ames, Louise Bates/Ilg, Frances L., „Your Five Year Old", New York, Dell Publishing Co. Inc., 1979, pp. 57–59.
– Begley, Sharon/Carey, John, „How Far Does the Head Start Go?" Newsweek, March 28, 1983, pp. 65–65.
– Campbell, Bertha, quoted in „Getting Off to a Quick Start", Time, October 8, 1981, p. 62.
– Diamond, Grace H., „The Birthdate Effect A Maturational Effect", Journal of Learning Disabilities 16 (March 1983), pp. 161–164.
– Di Pasquale, Glenn W./Mouie, A.D./Flewelling, R.W., „The Birthdate Effect", Journal of Learning Disabil. 13 (May 1980), pp. 4–8.
– Forester, John J., „At What Age Should Children Start School?" School Executive 74 (March 1955), pp. 80–81.
– Gilmore, June E., „How Summer Children Benefit from a Delayed Start in School", Paper presented at the 1984 annual conference of the Ohio School Psychologists Association. Cincinnati, May 1984.
– Gott, Margaret E., „The Effect of Age Difference at Kindergarten Entrance on Achievement and Adjustment in Elementary School", Doctoral dissertation, University of Colorado 1963.
– Hansen, Jane O., „Preschool Helps Kids. Saves Taxes. Study Says."
– Dayton Daily News, September 14, 1984, pp. 1.9.
– Huff, Steven, „The Pre-Kindergarten Assessment: A Predictor for Success of Early and Late Starters", E.D.s. research project at Wright State University, Dayton, Ohio, 1984.
– Ilg, Frances L./Arnes, Louise Bates, „Child Behavior from Birth to Ten", New York, Harper and Row, 1951, pp. 276–277.
– Mawhinney, Paul E., „We Gave Up on Early Entrance", Michigan Education Journal 64.
– Soderman, Anne K., „Schooling All 4-Year-Olds. An Idea Full of Promise. Fraught with Pitfalls", Education Week, March 14, 1984, p. 19.
– Swartz, Stanley L./Black, Donald H., „School Entrance Age and Problems in Learning. A Proposal for Change", Illinois Principal (Sept. 1981), pp. 10–11.
– Uphoff, James K., „Pupil Chronological Age as a Factor in School Failure", Paper present at the annual conference of the Association for Supervision and Curriculum Development, Chicago, March 23, 1985.
– Uphoff, James K./Gilmore, June E., „Local Research Ties Suicides to Early School Entry Stress", Dayton Daily News, July 26, 1984, p. 34.

James K. Uphoff is Professor of Education, Wright State University Dayton, Ohio 45435.
June Gilmore is a psychologist, 6120 Michael Road, Middletown, Ohio 45042.